わたしもかわいく生まれたかったな

川村エミコ

集英社

Contents

初出

集英社ノンフィクション編集部公式サイト

「よみタイ」

https://yomitai.jp

2019年11月〜2020年9月

単行本化にあたり加筆・修正を行いました。

装丁・本文デザイン…・ tripletta

校正…・ 鷗来堂

わたしもかわいく生まれたかったな

川村エミコ

集英社

悲しみのマミー券

今から40年前の1979年12月17日。雪がしんしんと降る日の大体おやつの時間、私は生まれました。
それからの記憶を順に少しずつ話せる範囲で辿《たど》っていきたいと思います。

3歳の時、夜2階へ寝に行くのに、3歳の足には高さがある階段をえっちらおっちら上がって行く自分の後ろ姿。なぜか俯瞰《ふかん》での記憶。
心が、よく自分から離れたり自分の中に入ったりしていました。これが一番古い記憶で、横浜市鶴見区の小さな一軒家に住んでいたのですが、弟が生まれてからお母さんが付きっきりになり、「えみちゃんは一人で出来るでしょ！」「一人で片付けられるでしょ？」と言われていたし、「何でも一人で出来なきゃいけない！」そう思うようになりました。

父からよく言われたのは、「保証人にだけはなるな！　誰も助けてはくれないんだからな！」です。30歳まで言われ続けました。あと、酔っぱらって、よく「東大さーん！」と言っていました。のちに聞いたら、東大に行って欲しかったらしいです。

気付いた時から暗かったので、なんで暗くなったのか、きっかけなどはわからないのですが、これは小さな小さなキッカケの一つなのかなぁと思うことがあります。

幼稚園の休み時間。コの字形の校舎の内側にある小さなグラウンドを駆け回る園児たち。

特に中に入ることなく、私は表廊下からハシャイデいるみんなを見ていました。「あー鬼ごっこかぁ〜。ひたすらタッチしては逃げる遊びかぁ〜。あの子、ずーっとぐるぐる回っているな〜。」とかぼんやり思いながら、休み時間が過ぎるのを待っていました。「辛《つら》い」という感情はなく、その時幸せとか不幸せとかも無くただただ時間が過ぎて行くなぁというだけでした。

私がぼんやりと体育座りして園庭を見ていると、担任の先生が私の斜め後ろで話している声が聞こえました。

「あの子、静かで嫌だわぁ。」

そうしたら、隣のクラスの先生が言いました。

「楽でいいじゃない。」

私にはそれが自分のことを指して言われた言葉だとすぐわかりました。

その日の夜から毎晩大きい家具に追いかけられる夢を見ました。

私、傷付いたらしいです。それまで、担任の先生に対して何とも思っていなかったのですが、目の前が暗くなり、園庭で騒いでいた園児たちの声が聞こえなくなり、初めて一人でいることは良くないことで、恥ずかしいことなんだと思い、悲しい気持ちになったのを覚えています。


お弁当の時間。

麦茶がみんなに配られるのですが、「マミー券」というものがあり、それをお母さんに買ってもらい、朝、先生にマミー券を渡しておくと、お弁当の時間に森永マミーが飲めます。うちにとってはマミーは特別で、1ヶ月に1回いつもお母さんにお願いしてお弁当の時間に飲んでいました。

あの日以来、先生の顔がなんだか見られなくなり、マミー券を渡すのも受け取るのも伏し目がちになってしまったのを覚えています。

夢は、大きい家具に追いつかれると、紙を丸めるようにぐちゃぐちゃとした画面になり、そのあと急に幼稚園の上空からの映像になります。そして誰かわからないのですが、綺麗な声が聞こえます。

「幼稚園がなかったら？」

映像は日本の上空からになり、どんどんどんどん広がって、やがて宇宙から見た地球の映像になります。そしてまた聞こえます。

「地球がなかったら？」

そのあと、一瞬真っ暗になり、光を放ち、いつも夢は終わります。

この日から私はどうやら更に暗くなりました。

幼稚園のある日のことでした。

ポシェットの色を選べるのはかわいいみほちゃん

私には一つ年上の、バレエを習いスレンダーで、誰もが憧れる目も髪も色素薄い系で、茶系サラサラロン毛、茶系の目はつぶらだけどぱっちり二重《ふたえ》の、従姉妹《いとこ》のかわいいみほちゃんがいました。

みほちゃんはクラスでも1軍なんだろうなぁ……と私はこそっと思っておりました。（当時、アンチ巨人の父に横浜スタジアムに野球観戦に連れて行ってもらい、野球には1軍とか2軍とかがあることを知りまして、クラスを1軍から分けたりしてました……なぜか分類とか数字が好きだったりします。種類、系統別分類とかが好きな割に、血液型や動物占いなど性格判断的分類は決めつけるのが嫌で苦手だったり。でも、クラスのみんなを分類したり……。なんなんでしょうね。話が逸れました。）

みほちゃんが周りから言われるのは、

「綺麗ねぇ。」「今時の子ねぇ。」「細くてかわいい。」

この三つの台詞《せりふ》。

こちとら、ごんぶと強めの黒髪おかっぱ、重めの一重、昭和体形ありがとうー！でしたから、言われることといったら、

「日本の子どもって感じだわねぇ。」「花子ちゃん！」

という具合です。「花子じゃなくて、えみこです！」といつも心で思ってました。

みほちゃんとえみちゃんの違いは伝わりましたでしょうか？

ある日、うちのお母さんがみほちゃんとえみちゃんに、うさぎさん柄のキルティングでポシェットを二つ作ってくれました。

二つが違うのは、色。紺地にうさぎさん柄のキルティング生地と水色にうさぎさん柄のキルティング生地。また、ポシェットの肩にかける部分がロープ紐《ひも》になっていたのですが、そのロープ紐の色がそれぞれ「紺色」と「水色」ということ。

色を大きく分けたら、紺色と水色は仲間ですし、グループ別に並ぶとしたら、青グループの列のメンバーですが、パッ！と見た印象は子ども心には全く違くて、

「紺色と水色、全く別もんじゃねーか！」

「生地とロープ紐が水色なだけで、一気にシャレオツじゃねーか！」

「紺色、しぶい！　重い！　色的にも気持ち的にも重いっ！」
（こんなに口は悪くないです。私の心の中の本心ちゃんの言葉です。）
つまり、その、一瞬で水色がかわいいと思いました。

みほちゃんも同じだったのでしょう。

「わたし、水色にするー！」

速かったです！　そして、「するー！」断定の言葉！　願望では無いのです！
「するー！」の威力をその時初めて知りました。川村恵美子、9歳の春。おだやかな風の日でした。

この時の現場はみほちゃんの立派なお家《うち》の玄関を出た黒い門。「はい、二人に！」と渡してくれたのはみほちゃんのお母さん。作ってくれたのはうちのお母さん。
みほちゃんのお母さんは優しい困り顔で「えみちゃん、いい？」と聞いてくれました。

私も水色がいいな、と思ったけど、水色は一つしか無いしなぁ。でも、みほちゃんは年上だしもしかしたら、いいよって言ってくれるかな？

あ、でも親戚同士のこれからもあるし、みほちゃんのお家に来る度にポシェットで気持ちが重くなるの嫌だな。だったら、私が紺色？

でも、いいなと思うのは、水色……。

口に出すのに時間がかかりましたが、「わたしもこっちがいいな。」と水色を指さしながら言いました。


一瞬で空気が止まったのを覚えています。

私の当時の記憶では「時間が止まった！」と思いました。

みほちゃんはすかさず言いました。

「わたしのが水色似合うー！」

「するー！」に続く第2爆弾が飛んできました！

「わたしのが似合うー！」

ウップス！　ウップス！

えみちゃん、敗北。

たしかにみほちゃんのほうが水色似合うな！って思いました。色素の薄いみほちゃんには、濃い青の紺より、薄い青の水色です。

もうみほちゃんの水色ポシェット決定です。


私から「紺色でいいよ。」と言ったのかどうか、みほちゃんのお母さんが「それでもいい？」と聞いてくれたかどうか覚えていないのですが、みほちゃんの「わたしのが水色似合うー！」の記憶の後覚えているのは、私が身を引いたこと。そして、ゆっくりと紺色のポシェットに手を伸ばすスローのシーン。その後みほちゃんのお母さんはひたすらに私に言ってくれました。「紺色もかわいいよ。紺色もかわいいよ。」と慰めの言葉を。


みほちゃんが年上とか関係ありません。

スレンダーでかわいいみほちゃんのスタートダッシュの速さ、「するー！」と「わたしのが似合うー！」の言葉の威力に完敗です。

このこと以来、自分の考えや意見を言うことに臆病になっていったかと思います。

私のが似合うよね。
MIHOちゃん
うん、そうだね。そうだよね…。
EMIKOちゃん

「あおぞら」

私は高齢（父40、母38）で出来た子どもということもあり、至極至極大切に育てられました。

その一つに書道の件がございます。

父は昭和15年生まれで真珠湾攻撃より前に生まれています。銀行員でしたが、すぐに辞めて地方公務員になり定年まで勤め上げました。

おばあちゃんとはたくさんしゃべっていたイメージがありますが、普段は寡黙で私たち姉弟に興味があるのかないのかあまりしゃべった記憶がないです。

私が幼い頃は私が起きると同時くらいに勤め先に出かけてしまっていて、夜になるとそりゃそうなのですが、帰ってくるので、「一体、日中何をやっているのか、悪いことをしていたらどうしよう。」と日々不安に思い、朝のニュースで出てくる犯人の顔が父だったらどーしようと本気で心配していました。

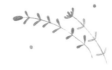

事件の概要が重々しくアナウンサーによって読み上げられ、いざ犯人の顔が出るまでジッとテレビを睨《にら》みつけながら、「お父さんじゃありませんように。お父さんじゃありませんように。どうかどうかお父さんじゃありませんように。」と祈り、全く違う顔と名前が出る度に安心していました。「良かった、お父さんじゃ無かった。」と確認してから、家を出るのが日課でした。

小学4年生の「お父さんの仕事」の授業で父が公務員をしていると知るまで、毎朝のドキドキったらなかったです。

そのくらい、父は私や弟に何をしているか話さなかったし、何をしてても別にいいだろ！くらいに思っていたと思います。勝手に犯人扱いしていたことはごめんなさいです。

幼稚園に上がって少しした頃、そんなあまり話さない父が私に言いました。
「えみちゃん！　えみちゃんはあまり綺麗なほうじゃないです。なので、字は綺麗なほうがいいから、書道を習いましょう。」と。

朝、食卓でサラッと言われました。

往々にして割と大事なことや流しちゃダメでしょ！ってことを、サラッと言われることや言うことってありますよね、それです。

プロポーズを夕食終わりにサラッと、それはとてもグッときますが、朝食時にサラッと綺麗とか綺麗じゃないとかの話と字の話は幼心《おさなごころ》に「お願い！　サラッとしないでー！」でした。

私の中では、広い畳の部屋で面と向かいお互い正座する重々しさがありました。幼稚園のバスに揺られながら、広い和室で言われた風に妄想したのを覚えているのです。現実逃避系妄想です。

その重々しい妄想が必要なくらい心がモヤモヤしました。

綺麗とか綺麗じゃないとか、かわいいとかかわいくないとか、かわいい従姉妹のみほちゃんがいたので薄々、いや割と濃いめで気付いてはいましたが、今思えばこれが初めてダイレクトに感じた瞬間でした。

自分がかわいいかどうか、ちゃんと向き合う瞬間でした。

そこから毎週土曜日の午後1時。しっかりみっちり2時間コースでお習字を習い始めました。

小学校に上がって割と早い段階で字が綺麗なことをとても褒めてもらえたので、父大正解！です。

今となっては感謝しております。

まぁ、でも容姿も綺麗で字も綺麗だったらなお良しだったでしょうけど。

元来真面目な私はお習字の中村先生に言われるがまま、雨の土曜日も曇りの土曜日も台風の土曜日も先生の所へ通い、お天気関係なく「あおぞら」の字を練習したのを覚えています。

器用なほうではないので何度も書いたからだと思うのですが、「あおぞら」の文字を割と上手に書けたので、横浜市鶴見区の書道大会に出品することになったのです。

それだけでとっても嬉しかったのですが、良いところがあったみたいで、当時私は小学1年生、ピカピカの1年生だったのですが、今まで小学1年生の部には存在しなかった「鶴見区特別賞」というのをいただくことになりました。

いつものようにお習字に行くと、中村先生がとてもとても嬉しそうに「えみこちゃん！　すごいわよ。すごいことよ。今まで無かった賞なのよ。良かったわねぇ。」と言ってくれました。

私自身が「嬉しいです。ありがとうございます。」と声に、音に出せたかどうか覚えていないのですが、中村先生がほんとにほんとに嬉しそうにしていたことが本当に嬉しかったです。


鶴見区特別賞ともなると、鶴見区の会館で表彰していただけます。

11月の日曜日。小学1年生の私は、そう、七五三と被りました。日程がドンピシャ！でした。

母は「七五三に行って、そのまま午後イチの表彰式に間に合うわ。良かった良かった。」と言い、私も「良かった良かった！」と思いました。


表彰式当日、七五三のお着物を着て、ずらーっとパイプ椅子が並べられた体育館の半分程の広さはあろう大フロアへ行き、座って呼ばれるのを待っていると、後ろの列から聞こえてきました。高学年の女子二人が「着物ってちょっとやり過ぎじゃない？」「そんな所じゃないだろ！」「派手過ぎだよねぇ。」とぼそぼそとささやいているのが。

そんなあからさまな陰口に落胆し、心が一気に暗くなったのを覚えています。

ちょっとだけ後ろを向いて顔を見ました。あまりかわいい人たちじゃなかったです。陰口を言っていたからなのか、実際かわいくなかったのか、定かではありません。

お着物は派手過ぎるんだ！　やり過ぎなんだ！と思ったら、名前を呼ばれて、ステージ前に賞状を貰いに行くのが本当に恥ずかしくて仕方なく、顔を上げられなかったです。後に見たその時の写真は、ほっぺが紅《あか》く伏し目がちでした。

母に「素敵じゃない！　胸を張りなさい！」とか言われていたら変わったかもですが、生憎《あいにく》席は親が後ろ側で子どもたちが前側だったので、その言葉は私しか聞いていません。

今まで無かった賞を私が綺麗に書けた結果生み出したものの、あろうことか七五三の日程と被ったせいで、その場その場に相応《ふさわ》しい格好があること、目立つことが恥ずかしいという気持ちが自分の中にあること、陰口は聞こえるように言われると結構ショックなこと、私は字を一生懸命綺麗に書くことを目標に頑張っていたけど、心を綺麗にしておくことが一番大事だということ、陰口を叩く人は顔が歪んで見えること、以上のことを学びました。

書道はそのまま塾に通い始める小学5年生まで続けました。小学1年生の特別賞以降は、その下の金賞止まりになってしまいました。着物事件が原因ではないと思いますが、小学1年生で全て出し切ってしまったのかもしれないです。

手元には、曇り空の私の顔と「あおぞら」の文字の写真だけが残っています。

せっかくだからパンダ・ダ・パ・ヤッ！

小学1年生の運動会の日、おじいちゃんが危篤《きとく》になりました。小学生になって初めての運動会。父も母も弟もおじいちゃんがいる茅ヶ崎に行ってしまい、私は一人で運動会に参加しました。

生温《なまぬる》い風の中、カラフルな万国旗を眺めて「星一つの旗はどこの国のかなぁ。国っていっぱいだなぁ……」と時間を潰していました。ワーワーとした賑やかな音がどこか遠くに聞こえて、他人事《ひとごと》みたいだったのを覚えています。

校庭でみんなが家族とお昼を食べる中、一人教室でお弁当を食べました。記憶ではすごく暗い教室で、本当に暗かったのか、それとも私の気持ちが教室を暗い思い出にしているのかわかりませんが、思い出はモノクロです。あんな冷や飯、後にも先にもありません。母が作ってくれたはずなのにボロッボロの残飯を食べている気分だったのを覚えています。唐揚げが石ころみたく硬く感じられました。（余談ですが、現在は大得意の一人ご飯が、23歳くらいまで不得意だったのはこの思い出があるからだと思っています。）

曇り空の運動会。お昼を過ぎた頃、父が小学校に私を迎えに来ました。幼心に「あー、おじいちゃんが死んじゃったんだなぁ。」と思いました。

父が小学校の門から校庭に入って来て佇《たたず》んでいる姿が目に焼き付いているのですが、つげ義春さんの『ねじ式』の絵を見た時、その時の父を思い出すほど校庭に佇む父と『ねじ式』で海辺に佇む男の雰囲気が似てました。じめぇっとした風が吹いている雰囲気も似ていました。

私は勝手にすぐに茅ヶ崎のおじいちゃんの所に向かうと思っていたのですが、そこで出てきたのが担任のこうさぎ先生（あだ名）です。

午後の演目で、小学1年生のお遊戯「パンダ・ダ・パ・ヤッ！」（略称パンダパン）があったのですが、こうさぎ先生はこう言い放ちました。

「せっかく練習したのだから、パンダパン参加して行くのはどうですか？」

私の心はモヤモヤしました。

顔が「ム」になったのを覚えております。

パンダパンとは、うろ覚えですが〝パンダはデッカい夢を見た〜♪　だけど小さい夢も見る♫〟というような曲に合わせて、両手を広げて飛びっきりの笑顔で踊るダンスの演目です。

「おじいちゃんが亡くなったのに（おそらく）、パンダ・ダ・パ・ヤッ！と元気に笑顔で両手広げている場合かっ！」

と思いました。口には出せませんでしたが、思いました。

カッコで（おそらく）と書いたのは、父は実際私には、亡くなったのか危篤のままなのか、は伝えませんでした。

でも、こうさぎ先生のご提案のように「パンダ・ダ・パ・ヤッ！」を踊って行くことになったので、きっと亡くなっていたのだと思うのです。

「パンダ・ダ・パ・ヤッ！」の曲中、両手を胸の前でグルグルしながらしゃがんだり、両手を広げてジャンプしたり、手を繋《つな》いで回ったり、しました。

練習通り一生懸命に踊ったのを覚えています。

練習の時は、「えみこちゃん！　笑顔！　笑顔！」とほっぺをムニュウとあげられていたのですが、さすがにおじいちゃんが死んでる状態での本番では何も言われませんでした。


でも、今でも思うのです。

踊って行って良かったのだろうか……と。

「パンダ・ダ・パ・ヤッ！を踊らず、おじいちゃんの所に行きたいです。」と言えば行けたのだろうか。

こうさぎ先生は私に何を伝えたかったのだろうか、と。


「せっかくだから……」

私の心にしばらくコビリついた言葉。

「せっかくだから……」

なんですかね、余計なお世話ですよね。

でも、流されてしまった自分がいるのも事実です。

どちらが正解なんてないし、どっちでも良かったんだとも思うのです。

でも、あの時は、私の本心は踊りたくなかった。私、踊りたくなかったです！

あー、今やっとこさ口に出せました。

バンザーイ!!


「せっかくだから……」は、あんまり好きじゃないワードに入っていて、今でも聞く度に、あの小学1年生の運動会での生温い秋風とこうさぎ先生の薄い笑顔と父のぺこぺこした姿が思い浮かび、心が地味に湿り出します。あの時のモヤモヤが出てきます。

そんなことに引っかかったまま、まだ生きています。

自分に対しての「せっかくだから……」はアリだけど、他人に対しての「せっかくだから……」は使わないように気をつけております。

友達が欲しくて１９８７

友達が欲しくて１９８７。ただ『夏の日の１９９３』っぽく、です。

小さい頃、母が「一日に一言えみこちゃんの声を聞けたら良いほうよ。」と幼稚園の担任の先生に言われていたくらい静かだったのですが、お友達は欲しかったです。

お友達を作ろう！と前向きではありました。


小学２年生の時、静かだった私はとにかく波風を立てぬように立てぬように過ごしていました。

波風立てないためにしていたことと言えば、トイレは一瞬で出る！

クラスメイトに「アイツ！　うんこしてる！」なんて思われた日にゃあ、どうなることか分かったもんじゃないですし、うんこを万が一したくなってしまった時のために、うんこを臭わせない戦法！として、水を流すレバーを回したと同時にうんこを踏ん張り出し、そのまま流してしまうことで、臭いも残さず、まるでうんこなんか無かったかのようにする方法をあみだし（後に中学生になった時、Nちゃんもコノ【うんこを臭わせない戦法】を使っていて意気投合しました。Nちゃんとは、『もののけ姫』の最初から台詞を言うという遊びにハマってました。これはまた別のお話です。）、お腹《なか》の弱い私は、いつうんこが出てこようとしても大丈夫なように日頃から連れションなどというのは一切しませんでした。

休み時間は基本一人。教科書の端っこにパラパラ漫画を描いたり、鉛筆をひたすら削り、それが終わるとロケット鉛筆の芯を取っては上から押し込む動作を永遠にしていました。

芸人になりパン工場で「北海道チーズ蒸しケーキ」の北海道の型を生地の上に置いて、ライン上でパンが焼かれた後、北海道の型をまた取り外す作業をしている時、この小2の時のロケット鉛筆の芯を取っては上から押し込む作業をしていたことが蘇《よみがえ》り、「あー、人生ってやってることそんな変わらないのかもしれない。人生は繰り返すなー。」と思いました。

他に休み時間にしていたことは漢字の練習に、ありもしないことを想像だけで書く妄想日記、あとノートを鉛筆で一面真っ黒に塗り潰したりしていました。この【鉛筆でノート一面真っ黒塗り潰し戦法】はなかなか均一にノートを黒くするのが難しくて、休み時間の一人での過ごし方としては、没頭できることの一つでした。

この時からお一人様上手ではありましたが、お友達は欲しかったです。

誰とお友達になりたいかなぁと思った時、小学2年生で『ビルマの竪琴』をすでに読了していたSちゃんが一番に浮かびました。小学2年生で、『ビルマの竪琴』。「マジかっけー！」です!!「水島上等兵――!!」です。

Sちゃんと友達になりたかった私は、か細いか細い声で「お友達になりたいです。」と声を掛けました。蚊の鳴く音量で、お友達になりたい人に「お友達になりたいです。」と言う口下手ぶりで返答を待っていると、Sちゃんは「友達になるには試験があります。」と言い放ちました。

思ってもいない角度からボールが飛んできました。Sちゃんは、Fくんと「アリクモ探検隊」というのを作っていて、友達になる＝アリクモ探検隊に入るということになるのだと言うのです。

私はその鋭角に飛んできたボールに一瞬クラッとして、「試験受けたいです。」と答えてました。試験はその日の午後。

それを伝えたのが2時間目か3時間目かの終わりで、5時間目が終わるまでの間のソワソワったら無かったです。授業中、二度、出もしないのにトイレに行ったのを覚えています。


学校が終わり、Sちゃんにドキドキしながら付いて行くと、着いた場所はSちゃんのおばあちゃんのお家。小学2年生の身長の倍くらいの塀が一周をかこう大きな一軒家で、アリクモ探検隊の試験はその塀の周りを走るところから始まりました。

【友達になるには体力が必要】……7歳の私の中には無かったです。Sちゃんのおばあちゃんのお家の周りを5周走りました。走っている途中何の疑問も無く、ひたすらSちゃんと友達になるんだ！と信じて走りました。


5周走り終わると、SちゃんとFくんが所謂《いわゆる》木目調の一軒家の立派な玄関前の段差に座り、「次はアリをおびき寄せる試験をやります。」と言いました。

角砂糖を渡され、私が置いた角砂糖にアリが寄ってくれば合格です。時間との勝負です。

体内時計だと20分もしないうちにアリが列をなしました。第2次試験も合格です。

そして、最後の試験が自分の倍もある塀に登り、塀の上を歩き、池の手前にあるゴム毬《まり》程の大きさの石の上に木の板を置いた簡易的なジャンプ台にジャンプして、1メートル30センチ程の鯉のいる池を飛び越えるというものでした。

塀の上を歩くのに脇汗びっしょりになりながら5分以上掛かり、いよいよジャンプポジションへ。

ジャンプ台と言ったって、ただの木の板です。

子どもながらに思いました。飛び降りたあと、必要なのは脚力だ！と。ただの脚力だ！と。

飛ぶのにも何分も躊躇《ちゆうちよ》しましたが、友達が欲しいという気持ちで自分を奮い立たせ、「エイッ！」と飛んだのを覚えています。今でもスローの映像で出てきます。Sちゃんのおばあちゃんの家の庭の椿《つばき》の木とよくあるお庭の草木、よく分からない赤と紫色と白の花、泳ぐ鯉……。

ゆっくりゆっくりと近づき、下り立ったのは池の縁《ふち》に並んで埋まっていた石の上、前のめりでドンッとその石に下り、勢いのまま鯉の池へジャバン！と落ちました。

パンツまでグッショリになり、友達試験は不合格。「お友達は無理です。」と言われ、帰ることになりました。

とぼとぼ帰ったのかダッシュで帰ったのか覚えていないです。雨の後の生温い風が吹いていて「気持ち悪いなぁ。」と思ったのは覚えています。

小学2年のある日、私は友達作りに失敗しました。

私に「粘土」ってあだ名を付けたTくん

小学校2年生の頃、私の隣の席は、クラスで背の順が一番前で、背は一番小さいけどとにかく元気なTくんでした。

Tくんは、私が鈍臭いばっかりに鉛筆や消しゴムを落としてしまうとケタケタ笑って「ほいっ!」といつもいつも笑顔で拾ってくれる優しい男の子でした。

印象としてはフットワークが軽い男の子です。ヤンチャで掃除の時間、仕上げのワックスに手こずっていたら、「貸せよ!」と私が持っていたモップをサッと取り、サッと手伝ってくれたり……。

勉強は普通くらいだったのかなぁ……運動が得意だったと記憶しています。

前にも書きましたが、私はこの頃、休み時間は基本一人。教科書の端っこにパラパラ漫画を描いたり、鉛筆をひたすら削り、それが終わるとロケット鉛筆の芯を取っては上から押し込む動作を永遠にしていました。

クラスの女子の間では「シール交換」なるものが大流行していて、シールの見せ合いっこから始まり、お互いに「これかわいい」となったら、シールをブツブツ交換するということに女子たちは休み時間全てを費やしていました。

相変わらず私は一人でしたが、うちの親が高齢出産だったため従姉妹のお姉ちゃんたちは大学生。そのお姉ちゃんたちからファンシーなシールやサンリオの文房具、お古の洋服に至るまでたくさん貰っていたので、ちょっとしたシール持ちでした。

一人遊びの一環としてシールを少しだけ重ねて繋げて、マスキングテープを自力で作ってノートの下の部分や上の部分に貼っていたのですが、そのノートを覗《のぞ》き見たクラスのかわい子ちゃんたちが普段話もしないのに、「川村さんもシール持ってるんだ。見せて。」と言ってきました。

「ずごごごごご〜」と心の大きな岩みたいなものが動いたのを覚えています。

「すごい嫌だな。」と思ったのですが、クラスで波風立てるほうが辛いと判断した私はソソクサとシールを見せました。ビックリマンチョコシールで言ったら、明らかにキラキラシールの「スーパーゼウス」の私のシールと、NOキラキラシールとを交換していました。

シールの時だけ話しに来るなんて露骨で嫌だなぁと思っていましたが、「ま、そんなもんか。」と冷静に思う自分もいましたし、「私とのシール交換は闇市みたいなものだね。」とニヤニヤして楽しむ自分もいました。

でも大人になってもいますものね、そういう方。そういう時はあえて嫌われることを言って離れたりします。これまたややこしいですね。お互いの距離はお互いが決めます。これに尽きます。

家の近くの文房具屋さんで偶然見つけた「シールを貼ったり剝がしたり出来るノート」を持っていたのですが、それごとかわい子ちゃんに持って行かれそうになったことをきっかけにシールの闇市はやめました。

そして、また話さなくなりました。

たまに話すことといったら、緑のクレヨンや付箋の紙を休み時間に食べる男の子に「どんな味するの？」と聞くくらいで、やっぱりポツンと過ごしておりました。

そんな休み時間を過ごしていた私にTくんは言い放ちました。

「お前、粘土みたいだな。」と。

「はて？」と思いました。

Tくんは続け様に言いました。

「全然動かないし、粘土の塊《かたまり》みたいだな。」と。

その日から私は粘土になりました。


毎回の休み時間も長めの休み時間も放課後もただただ席に座ってノートと向き合っていた私のあだ名は粘土になりました。

ちょうどTくんに命名してもらったその瞬間、教室には西日が射していたかと思います。

西日にあたった動かない粘土。


私が粘土になってからも、Tくんは変わらず優しく、粘土と言われても全く嫌じゃなかったです。今思えば、そこに優しさがあったからだと思います。


年が明けたある日、担任のK先生がおっしゃいました。

「年賀状をちゃんと出したかな？　そして、貰いましたか？」

「川村さんは誰から貰いましたか？」

なんの気なしに「Tくんに貰いました。そして、わたしも書きました。」と言いました。クラスでヒューヒューが起こりました。

横を向くとTくんが少し俯《うつむ》いていました。

「あ、こういうのは言っちゃいけなかったんだ。」とすぐさま思いました。

元々自分の気持ちを言葉にするのが苦手なのですが、これを機に更に苦手になりました。

この発言で誰にどう思われるか気になって気になって仕方ないのです。ヒューヒューまた言われたらどうしよう。Tくんを困らせたあの時の気持ちを思い出します。かと思えば好きな人に対して、サラッとズバッと気持ちを切り捨てたような、思っていることとは裏腹の言葉を発してしまったりもするから自分でびっくりするのですが……。嫌われたいんだか、好かれたいんだか、です。

ヒューヒュー言われても、Tくんは変わらず私を粘土と呼び、笑いながら消しゴムを拾ってくれて、ワックス掛けを手伝ってくれていました。

こんなこともありました。

休み時間、教室の後ろのストーブで私が温まっていると、いつもいじめてくるいじめっ子のSくんが「おい！　川村の鼻の穴、鼻くそでいっぱいだぞ！　みんな見てみろよ！」と言ってきました。

私はいつも鼻水がとにかく止まらなくて、ストーブにあたって温まっていたので、カピカピの鼻くそが鼻に溜まっていたのは事実です。

顔が赤くなってしまって私は「んぐっ！」となってグッとSくんを見ることしか出来なかったのですが、その時、Tくんがどこからともなく登場して、Sくんに言いました。

「そういうこと言うのやめろよ！」

今度はSくんが「んぐっ！」となってしまいました。


ストーブで身体《からだ》を温めていましたが、とっても心が温かくなりました。

Tくん、ありがとうございます。

Tくん、元気に過ごしていますでしょうか？

Tくんが今日も笑顔だったらいいなぁと思います。

母の皿うどん

みなさんのお家のご馳走《ちそう》って言ったら何ですか？　すき焼き？　ハンバーグ？　うなぎ？　焼肉？

ザッツ高級なお料理がポコポコ思い浮かびますが、小学2年生だかの私の誕生日。母が振る舞ってくれた料理は皿うどんでした。

「お誕生日おめでとう」の声と皿うどん。お父さんはいなくて、弟とお母さんと私と黒に近いこげ茶の皿うどん。


皿うどんに罪はありません。誕生日に皿うどん。誕生日に皿うどん。でもなんで誕生日に皿うどんだろう。夜に皿うどんってのも抵抗があるなぁと密《ひそ》かに思っていました。

40歳になったえみこちゃんは思います。

「皿うどんをいつ食べたっていいじゃないか！　昼限定？　聞いたことないぞ！　朝だって、夜だって、誕生日だっていいじゃないか！　皿うどん、ばんざ━━い！」

「つーか、そもそも誕生日だしハンバーグ食べたい！とか思ってたんじゃないだろうな！　このクソガキがぁぁぁ!!」です。

ちなみに、その皿うどんは少し味が濃いめで、キャベツとお肉が柔らかめに一緒に炒めてありました。

具も一緒に炒めてあって黒に近いこげ茶色の皿うどん。うどんが嫌いとかそういうのは一つもなく、むしろ好きでしたし、うどんと言うより「おうどん」と呼ばれるような薄いお出汁《だし》に浸かったほうれん草、かまぼこ、お肉が入ったものはほんと好きでした。うどんは好きだけど、誕生日に皿うどん。

ミスマッチなんじゃないだろうか。私が贅沢《ぜいたく》なのだろうか。私の中のうどんのランキングがもっと上だったらこんな気持ちにならなかったのかなぁとも思いました。うどんってなかなかランキング上位には食い込まないなぁ。風邪の時食べたいランキングだったらなぁ、上位に食い込んでくるけどなぁぁ。

うどんって一体なんだろう。ぽわわんと考えたと同時に、家のことで、人の家と違うことって気付いていないだけで山ほどあるんじゃなかろうか、と思ったら怖くなりました。

思い返せば母は完全にその頃皿うどんにハマっていました。家で皿うどんを食べることはそれまで無かったのですが、この頃急な「母の皿うどんブーム」がやって来たのだと思います。

どこかで入手したであろう「皿うどんって美味《おい》しいよね！」の感動を家族にも味わって欲しくて、だったのかと思います。いつも母に言えなかったのは、ちょっと味が濃かったこと。

同じクラスのMさんが家に来てくれた日、その日も母はおやつにって皿うどんを出してくれました。居間とキッチンが繋がっていたので、母が台所に立ちサッと作って、サッと出してくれる姿が見えます。後ろ姿がとってもかっこいいなぁと思っておりました。

Mさんはおやつの皿うどんをどう思ったのでしょうか。怖くて聞けなかった感情だけ覚えています。

「ウチの普通はオタクの普通と同じですか？」

別にどうってことないじゃないかと今は思えますが、「誕生日に皿うどん！　朝に皿うどん！　夜に皿うどん！　おやつに皿うどん！」何か試されてるようでドキドキしました。今のタピオカブーム並みの皿うどんブームがうちには来ておりました。

川村家では焼うどんのことを皿うどんと呼んでいたことが判明したのは、それから30年以上経ってから（つまり今！）のことです。

今でも皿うどんがメニューにあるとついつい頼んでしまうのと、濃いと思っていた皿うどんが食べ続けていくうちにちょうど良くて、愛《いと》おしい味になったこと、その後お友達のNちゃんのお家で『風の谷のナウシカ』を見終わり、そのままお夕飯をいただくことになった時、カレーを出してくれたけど、Nちゃんのお母さんだけが夕食にバタートーストを食べていて、トースト＝朝食だと思っていた私は本当にビックリしたのだけど、うちも皿うどんいつでも食べるしな、で気持ちが落ち着いたのを思い出しました。

それと、この「誕生日に皿うどん」から数年後、白米のおかずにフライドポテトって日が川村家ではあったのだけど、私はスッと受け入れました。

初めてのキャンプ

昨今のキャンプブームはものすごいものがありますが、みなさんキャンプはお好きでしょうか？

ブームも相まってロケでキャンプに行かせていただく機会もあるのですが、私が忘れられない初めてのキャンプがあります。

小学4年生だか5年生だかの時です。（時期は忘れています。）

以前、友達の試験で不合格になった私ですが、Sちゃんと数年かけて話してもらえるようになりました。Sちゃんは小学2年生ですでに『ビルマの竪琴』を読了している素晴らしい人だったので、私も見合うようにならなきゃと、当時、学研の付録で貰ったストップウォッチで時間を計ることが空前のマイブームだったのですが、下2桁をゾロ目にする技を磨くことに精を出したり、「邦ちゃんのやまだかつてないテレビ」の『さよならだけどさよならじゃない』の歌が好きだったのでそれを覚えたり、昔から暗記している『ノンタンおねしょでしょん』をSちゃんの前で披露したりしてました。

毎日プレゼンです。

そんな日々のある土曜日、Sちゃんが言いました。「今日から家族で丹沢湖にキャンプに行くんだ。」と。

すぐさま、私は思いました。「キャンプというものに行ってみたい！　どうやら幸せ家族はキャンプに行くらしい。とにかく、わたしも行ってみたい！」

思い浮かんだのは、Sちゃんに妹のCちゃん、スレンダーなパパとママ。

リカちゃん人形の家族みたく生活感の無いSちゃん家族が丹沢湖でキャンプ！

オシャレ！　イケてる！　これぞ幸せのカタチだ！

私の気持ちはタカブリマシタ。

キャンプっていうのは聞いたことがあったけれど、実態を知らない。知りたい！

経験したい！

若干10歳、強欲モンスターえみこちゃんの誕生です。

「羨ましいです。行きたいです！」

私があまりにも目をランランラン♪として言ったからだと思うのですが、「川村さんも行く？」とSちゃんが言ってくれました。

ただ私はまだ子ども。親の許可が必要です。

「Sちゃんのお母さんに聞いてみて、大丈夫だったら行きたいです。」と言ったのは覚えております。Sちゃんが、

「そうだね、それがいいね。川村さんも一緒に行って大丈夫かどうか聞いてみるよ。」と多分言ってくれたのでしょう。こんな時、女の子な年齢でもうすでに女性です。女性はしっかりしています。

土曜日の体育の時間が終わると上は体操服のまま下にスカートをガバッと穿《は》いてソワソワ。

「先生、さようなら。みなさん、さようなら。」の挨拶と共に小学校から家までの20分弱の道のりを猛ダッシュ!!　途中でツツジの蜜を吸って猛ダッシュ!!

帰宅して、「お母さん！　お母さん！　お母さん！」

こんな時になぜいない！　母!!

あなたの許可が必要なのに。

お母さんは土曜日の午後はスーパーにお買い物。定番パターンだ！　きっとそうだ！

今すぐ探しに行くのか……いや、Sちゃんのご両親の許可が下りなければそもそもキャンプは無理だ。

私は黒電話の前で待つことにしました。


客観的な風景として思い出します。

Sちゃんのご両親のお返事がOKかどうかの連絡を、黒電話に手を掛けて待つえみこちゃん。

ジリリリリリー！　大きな音で突然鳴り響く黒電話。すぐ出れば良いのにいつもの癖で2回鳴ってから「はい、もしもし。川村ですけど、どなた様でしょうか？」

もちろんSちゃんです。

Sちゃんからの「川村さんも大丈夫だって。」のお返事。「ありがとうございます。それでは、私はお母さんに大丈夫かどうか聞いて参ります。」

出発は午後4時。うちの前まで車でお迎えに来てくれるとのこと。もうお昼過ぎ。

時間がない！

全主導権を持つ絶対なる母を探さなければ！　母から許可を貰わなければ!!

私は慌てました。体操服のまま帰宅したことを後悔しました。めちゃくちゃ慌てて洋服に着替え、いざ靴下を穿こうとしたら、靴下が片方無いのです。

赤と白の靴下。小学生の女の子がよく穿いている膝までの長めの靴下です。

キャンプの許諾と片方だけの靴下。

天秤《てんびん》に掛けた時、もちろん「キャンプに行きたい！」が一番です。靴下が片方なんてどうでも良かったです。片方の靴下のまま、横浜は下末吉《しもすえよし》の町に飛び出しました！

買い物に行っている母。（多分！です。）スーパーの候補は二つ。両方ともよく行くスーパーです。

まずは八百屋さんとスーパーが一体になっているほうに勘だけで走りました。大きなタイヤが重ねて置いてある場所が当時通っていた公文式の前の道にあったのですが、そのタイヤの中もなぜか覗きました。絶対母いません。

スーパーに到着。八百屋さんとスーパーの中を順番に探しました。八百屋さんとスーパーの入り口になっている開けた場所でハァハァして仁王立ちした自分の姿を思い出します。なぜか睨みつけていました。

私、別人でした。

「お母さんを見つけなければ！　わたしのキャンプの夢は打ち砕かれる！」崖《がけ》の上に立ち、荒波どっぱ〜〜ん‼です。

母はいませんでした。八百屋のおじさんに「そんなに慌てて、どうしたの？」ではなく、「片方、靴下どうしたの？　無いの？」と聞かれ、答える余裕も無く、大きくうなずき、もう一つのスーパーに向かう決意をしました。こちらのスーパーか八百屋さんで買い物して家まで戻っている途中のお母さんに追いつけるかもしれない！

でも、ウチまでの道のりは3パターンありました。

自転車だったらもちろん追いつかないし、そもそも違う道だったら……会えるもんも会えない！　自転車（ママチャリ）が家にあったかどうか確認して来なかった自分を悔やみました。

家まで走る道のりで上級生とすれ違い、急に靴下が片方だけなことが恥ずかしくもなりました。

強欲モンスターえみこちゃんにも「恥ずかしい」という感情がありました。

でも、今はキャンプ！に行けるかどうかが先決です。足がモツレル振りをして、靴下がなんとか片方に見えないように歩けないか試したのを覚えています。残像作戦！カッコ悪いです。


もう一つのスーパーは家を挟んで反対側です。

一度家に戻って母と自転車の確認をしようと思ったその時、お母さんが前から自転車でやって来ました！

奇跡です！　大きな松の木があるお家の前でした。

「どうしたのぉー、えみちゃん！」自転車を降りながら母は聞きます。

そりゃそうです。走り回って髪もボサボサで、当時、「宮本武蔵だなこりゃ！」と思いながらずっと走ってました。何でかは全く思い出せませんが……。

「靴下は？」母にまず聞かれました。

そりゃそうです。

「見つからなかったです。」と言ったら、「えぇー！」って言ってました。私的にはそれどころでは無かったので、「Sちゃんの家族のキャンプにわたしも付いて行ってもいい？」お母さんに聞きました。

お母さんは「それはSちゃんの家族に悪いんじゃないの？　お母さんからお電話してみるわ。それはいつなの？」

「今日明日でお泊まりなの。」

お母さんまたびっくり！「えぇ！　今日？」

それから自転車の後ろに乗せてもらい、「お母さん、マッハ！でお願い！」と注文を付けて、帰るやいなやSちゃんのお家に電話してもらいました。


そして、私は人生初のキャンプに行く資格をゲットしました。

かなりの興奮の中、キャンプに行ってみたい一心で母を探し回り、許可を貰い、キャンプまで漕ぎ着けました。思いたった時のまっしぐらな所、今でもたまに出てきてしまうのですが、男性に引かれる所でもあります。性質なので仕方ないです。

Sちゃん家族が大きな銀色の車でウチまで迎えに来てくれました。あの車が止まる光景は今でも鮮明に覚えています。キラキラした銀の車。

「よろしくお願いします。」とSちゃんのご両親にご挨拶。


小1からずっと使っている、身体には少し小さくなった薄ピンク色の四角いリュックに下着とTシャツとタオルを詰めて、車にお邪魔しました。

もうキャンプに向かうことが出来ただけで、万歳三唱の私。町を走り疲れていたのでしょう、車に乗ってすぐ寝ました。連れて行ってもらうのに寝る。特に何か言われた訳ではないのですが、今考えると申し訳ないなぁと思います。


起きたら丹沢湖。小学生ってこともあり、テントを張るのは少しだけお手伝い。人生初めてのキャンプで人生初めての下ネタを聞きました。

スレンダーでリカちゃんファミリーのようなSちゃんのお父さんの「お父さんのテントが張ったら畳んでくれよ。ワハハハハ！」

バックに森がある草むらでの下ネタ。

私は性に疎《うと》かったのですが、小学2年生で『ビルマの竪琴』を読了済みのSちゃんは性も進んでいました。教えてもらいました。男性がタツってことを。

初めてのキャンプで初めてのアメンボを見ました。あめんぼ、漢字で「飴坊」と書くとSちゃんに教えてもらいました。飴《あめ》みたいな匂いがするってSちゃんが言っていたけど、私は鼻が詰まっていたのか分からなかったです。でも、初めて見たアメンボに感動しました。水の上を浮いて、スイスイ行ってすごい！と思いました。アメンボがいっぱいいいて、「家族かなぁ。友達かなぁ。」とSちゃんに聞いたら、Sちゃんは「アメンボにそんな関係性は無いと思うよ。」と言っていました。「でも、大きさ少しずつみんな違うね。」と私は言いました。

「何で浮いていられるの？」

「虫は軽いのと足の作りだね。」

Sちゃんすごいなぁ、頭いいなぁ、の気持ちがこのキャンプでドコドコと更に盛り上がりました。

初めてのキャンプはお泊まりです。そうです。初寝袋です。

土のデコボコと微かな香り、Sちゃんと妹のCちゃんと私で芋虫みたくギュッと寝ました。とってもワクワクして楽しかったです。

アメンボと森の中で遊んだこと、寝袋と……全てが新鮮で楽しいキャンプ。食べたご飯を一切覚えていないのが謎なのですが。

Sちゃん家族に感謝です。


Sちゃんへの憧れは更に募りましたが、そのままSちゃんとは卒業でお別れしました。

中学に入り、小6の担任だったK先生と同じクラスだったみんなで会うことになりました。待ち合わせはボウリング場です。

その時、憧れのSちゃんと会えるのをすごくすごく楽しみにしていました。

中学に入ったSちゃんは、なぜか後ろ髪だけを異様に伸ばし細～くそれはそれは細～く三つ編みにして、ボウリングをしていました。Sちゃんの中身は変わらないだろうし立派な私立の中学校に通い秀才さは増しているはずなのですが、私はその髪型にショックを受けました。

憧れていたSちゃんじゃない！と思ってしまいました。すごい遠目でSちゃんを見つけた時の映像が思い浮かびます。

髪型で判断してはいけないのですが、中学1年生の私はショックでした。

これが私の初めてのキャンプでした。

あの土のデコボコと微かな香りのワクワク感をまた味わいに、キャンプに行きたいなぁと思います。

また キャンプに行きたいな
アメンボ アカイナ
アイウエオ
ウキモニ コエビモ
オヨイデル…

小学生はお忙しい

高齢出産であった川村家では親の期待がまず長女の私に一心に注がれました。

川村恵美子小学生。習い事の数五つ。

月曜日塾、火曜日公文式、水曜日ピアノ、木曜日公文式、金曜日キンダースイミングスクール、土曜日お習字。日曜日お休み。


忙しいなんて意識はこれっぽっちもありませんでしたが、お習字の中村先生が「あらぁ、すごく忙しいわぁ。月曜日は？　火曜日は？　水曜日は？」と全曜日のスケジュール確認をして「それは忙しい。」とおっしゃっていて、「そうかなぁ……そんな風には思わないけどなぁ。」と思っておりました。


週始めから、振り返ってみようかと思います。

月曜日。塾。

こちらは「お母様先生」というとてつもなく怖い先生がいまして、「顔がたるんでる！」という理由からビンタされていました。

怖くて膝が震えた記憶を忘れられません。

先生からするとたるんで無い顔の人はいなかったようで、みんな平等にビンタを食らっていました。

しかし、悪いことだけでは無かったです。

得たこともあります。辞書並みに分厚い5センチは余裕である理科の問題集が、明日までの宿題になったことがありました。

私は人生で初めて徹夜をして宿題をやり遂げました。塾に行くギリギリの朝まで問題集をやっていました。

その時思ったのです。

「どうにかなるんだな。」と。

10歳そこそこでそういう経験をしておいて本当に良かったなぁといまだに思います。

生きていて無茶振りされることって何度かあると思うのですが、芸人になり来週までにネタ5本！とかいう宿題や、明日までにムーンウォークダンス！　5時間練習して覚えたけどカット!!とか。

そういう時に、まず「どうにかなるなぁ。」と思えました。お母様先生のお陰で、宿題に対する微かなポジティブ思考を得ることが出来ました。

あと、テキパキさもこの塾のお陰かと思っております。お店の予約やお店の詳細を調べる速さ。お店までの行き方の写メ込みの案内。泊まるホテルでのプールの位置の確認から先輩への連絡。速いです。すごく得意です。サッサと終わらす思考が身に付いたのはお母様先生のお陰だと思っております。

みんながライバルだったので、みんなで一緒に頑張ろう、ではなく、一人一人が自立することが出来ました。意外と冷たい！と大人になり言われることがあるのですが、冷たいのではなく、「それはそれ！」の考え方でして。

「私の周りで起こる全てのことは全て自己責任」の考え方もこの時に生まれたかと思います。人は人、自分は自分です。

そのせいか、自分が出来ることをしない人が許せなかったりします。

大好きなSさんの結婚式。ある方と司会をさせていただくことになったのですが、そのある方が全くやるべきことをやって来なかったのです。私はいまだにそれが許せないのですが、そういう人を軽蔑してしまうので、人を許せる心を持とう、そして自分もそういうことをしないようにしよう、気をつけなきゃなぁとは思います。

少し話が逸れました。


火曜日。公文式。

「くもんしき」。音が好きでした。

クラスの子のほとんどが「そろばん」もしくは「公文式」に通ってまして、私は公文式を選んだ次第です。公文式は自分から行きたいと思った習い事です。

木造の大きい建物の2階に低い長テーブルがたくさん並べてあって、長テーブルに各2名。人数が多い時は3名。ひたすらに計算をしたり、ひたすらに漢字を覚えたり、何百枚という問題のペーパーを兎《と》にも角《かく》にも解いていく。

分かりやすくノルマをこなしていくのがとても楽しかったのを覚えています。

何でも楽しんだほうがいいね！ということを学びました。あと学んだのは、半分まで問題を解いた時、「もう半分も来た！」と思った時は得意なプリント、「あーまだ半分もあるじゃない、うんざりじゃない。」と思った時は不得意なプリント、と自分バロメーターを覚えました。

水曜日。ピアノ。鶴見駅前のヤマハ音楽教室でした。バスに乗り、ピアノ教室へ母と一緒に通っておりました。

とにかく下手で自分の指が全く思い通りにならないので、私の指を他に操っている人がいるに違いないと思っていたのですが、先生にはそんなことは通じず、「なんで練習して来ないの？」と質問されました。その度、俯いておりました。


ピアノの帰りにお母さん同士が仲良しということもあり、Yちゃんというおしとやかな髪の長い女の子とミスタードーナツに寄るのが毎週の楽しみでした。フレンチクルーラーと、ポップホップみたいな名前の小さいドーナツが6個だか付いているのをいつも頼んでいました。あと、お母さんがオールドファッションとヨーグルトクリームというのが大好きで、一口貰ったりしてるうちに私もヨーグルトクリームが大好きになりました。

そこに地獄が待っていました。

その日はYちゃんとYちゃんのお母さんと私でミスタードーナツでお食事中。うちのお母さんは働いていて、その日は私一人でした。

私がトイレに行き、戻って来た時です。

Yちゃんがちゃんのお母さんに「えみこちゃん、好きじゃない。」カミングアウトしているのを聞いてしまったのです。Yちゃんのお母さんは「好きじゃないなんて、そんな。」と言ってました。

ガーン！です。えみこ、ガーン！

人からダイレクトに嫌われました。

ウッと心を押し込みました。何も聞いてない振りをして席に座りました。そして、普通にしてました。心が満タンで喉に詰まりそうになったヨーグルトクリームをなんとか飲み込んだのを覚えています。

何事も無かったようにそれからのピアノもYちゃんと一緒に過ごしました。ただ、次の週からミスタードーナツは行かないとお母さんに言いました。

お母さんも私も好きなヨーグルトクリームを半分こして食べるのが大好きだったけど、Yちゃんと過ごすほうが辛いので、やめました。

それから小学6年生になった秋の受験ギリギリの時に、Yちゃんのお母さんから連絡がありました。

お母様先生の塾に通っていた私は少しだけですが勉強が出来たもので、Yちゃんは小学6年のギリギリに私立に行きたい！となったとのことで、勉強を教えて欲しい、塾のテストの解き方を教えて欲しいと言われました。

私はミスタードーナツでYちゃんから「嫌いだ！」と言われていたのを聞いていたので少し躊躇しましたが、困っているなら……と問題の解き方を丁寧に書いて教えてあげました。

今でも嫌な気持ちがじんわりと滲《にじ》み出てくるくらいなのに、大人な対応をしたものですが、あの時教えなくても良かったなぁと思います。話を聞いちゃったことを言った上で、ちゃんとお断りするか、教えてあげるかをしたら良かったなぁとも思います。

晴れてYちゃんは私立に受かり、私は落ちました。

なんたるや、人生。


ピアノを習いに行くことは、私に色んな経験をさせてくれました。

また明らかに挫折したことの一つでして、『コミカルトレイン』という曲が課題曲であったのですが、足のパートが入って来て、「ドソード、シラソファ、ソドーソシラソファ」でその後どんどん音が高くなって行くのですが、どぉしても弾けなくて、母に言いました。

「どうしても弾けないので、辞めさせてください。」と。

母はとても良いピアノを買ってくれたので申し訳ないなぁという気持ちが幼心にありました。


私のやり残したことリストの一つに『コミカルトレイン』を弾けるようになる、というのがあります。

とにかく真面目なもので、毎週水曜日一度も休まず行きまして、皆勤賞のピカピカしたトロフィーだけが私の手元に残りました。


木曜日は火曜日と同じく、公文式。

没頭できる時間。


金曜日。キンダースイミングスクール。鶴見駅の坂の上。

始めたのはピカピカの小学1年生の春。
お風呂で溺れて水恐怖症になっていた私。
小学1年生からプールの授業があることを心配した母が申し込みをしてくれました。

スイミングスクール初日。初級コース。水にジャポンと飛び込む練習からスタート。順番になっても水が怖くて、プールに入れませんでした。プールサイドでとにかく見ていました。

その翌週もその翌週もまたその翌週も着替えて行くのですが、ジャポンができずに1ヶ月。ご両親たちがプールを見られる場所からお母さんが「がんばれー!」って口パクで言ってくれてました。

ある時、渾身の勇気を振り絞り、ジャポンッと飛び込みました。ぶくぶくビックリしたけど、不思議と怖くなくて、すぐコーチが引き上げてくれたのもあるのですが、そこから急に水が好きになりました。

そこまで1ヶ月くらい掛かったので、今考えるとプールサイドで見ていただけの1ヶ月のお月謝が本当に勿体ないなぁというのと申し訳ないなぁという気持ちになります。その日プールが終わって、スイミングスクールの食堂でフライドポテトをお母さんが買ってくれました。そのフライドポテトが今世紀最高に美味しくて、プール＋フライドポテトは私の大好きな組み合わせの一つになりました。

その後、小学生時代はずっと通い続けまして、選手コースに誘われるまでになりました。


小学生時代のプールで覚えているのが、大人の男性を意識した瞬間です。

練習が終わった後、みんなでシャワーを浴び、サウナで温まる時間があるのですが、40人くらいの小学生の中に、かっこいいSコーチがいました。誰かがスイミング帽を落としたようで、「おーい。これ誰のだ？」とみんなに聞いてました。

「お前か？　お前か？」と聞いてみんな違うと答えました。私も首を振りました。Sコーチは「なんだ誰のでもないなら、かぶっちゃうぞー！」と言ってそのスイミング帽をかぶりました。

サウナ内が笑いに包まれました。その時です。まさかのまさか。そのスイミング帽は私のだったのです。

すんごい小さな声で「わたしのでした。」と伝え、顔が真っ赤になり、俯きました。

大きい声で言いなさい、とSコーチに言われて、更に顔が赤くなりました。

そして、スイミング帽を返してもらったのですが、そっと私は匂いを嗅ぎました。

嗅いだことの無いSコーチの男らしい香りとコーチがかぶったことで伸びてしまったスイミング帽にものすごい「男性」を感じたのを覚えています。


今ふと思ったのですが、後に川村家に登場した、白ごはんのおかずにフライドポテトを出すというお夕飯は、私がプールの後のフライドポテトが大好きだったからかもしれません。


そして、土曜日、お習字。

お習字に通う中での感情で覚えているのは、毎回半紙に包まれたおやつを貰えるのですが、紙に包まれていることでのワクワク感です。

ただ渡されるのではなく、なんだろう、と思えるその気持ち。

「ソフトサラダ」煎餅《せんべい》の時のよっしゃー！感。

リアルなお花の絵が描いてある飴の時のがっかり感。でも、何のお花かな？と思えるようになりました。

私も何かを包むのが好きになりました。小学校高学年で絵本を作る授業があった時も、表紙をめくり、一枚白い紙を挟み、絵本が始まるように作りました。担任の先生に「この紙は何ですか?」と聞かれたのを覚えています。私は「ワクワクです。」と答えました。半紙のお菓子の応用です。

こうして私の1週間が過ぎていきました。

日曜日は朝、タルるートくんと童夢くんを見て始まり、ちびまる子ちゃんにサザエさん、世界名作劇場。アニメ三昧で楽しみました。兎にも角にも小学生は忙しいです。

皆さんの小学生時代はいかがでしたか?

40歳になった私は現在、力を持て余しているので、もっと忙しくなるように頑張らなければならないのです。

ヒミツの転校生

小学校1年生の時は、上履きが自分の下駄箱に入っていないことが多くて、朝、下駄箱でよく上履きを探していました。一番下の段の右から3番目に入っていることが多かったです。

ある時は、木工用ボンドがたっぷりと上履きに入っていたこともありました。小学校1年生にして冷静だった私は水道に洗いに行きました。ボンドを水圧で流し、ビシャビシャの上履きを履きました。生温くなって、足をずっとグーパーしていたのを覚えています。

ボンドが上履きに入っていた「上履きボンドDAY」、その日は大雨だったのが救いで、上履きが濡れるような日で良かったなぁと思ったのを覚えています。

上履きにボンドが入っていたことがバレたくなかったので、教室は1階だったのですが、地面と繋がっているベランダにあえて出て、カタツムリを探しました。

探しているような探していないような、「早く上履きよ、もっと濡れろ！」と思いながら、草の裏をめくってみたりしました。カタツムリなんかいないのに。

上履きの中はグジュグジュしてました。モヤモヤした心と上履きの中が相まって、気持ちは赤青黄色紫のグルグルの模様で混ざり合わさり、気持ち悪さも増しました。


そもそもなぜ上履きが自分の下駄箱に入っていないようなことになったのかを考えると、妊娠した担任のこうさぎ先生が産休でお休みすることになり、臨時で来た、大きいうんこの絵が描いてあるTシャツを着る身体の大きな男の先生とのやり取りが原因だったかと思います。

小学生は、ましてや1年生はうんこが好きです。大きなうんこの描いてあるTシャツを着た先生は休み時間いつもクラスの子どもたちに囲まれていました。私は離れたところでただただそれを見ていました。


小学1年生にして、すでに近眼だった私は、とても猫背でした。いつものように猫背でノートと向き合っていると、私の背筋を伸ばそうと思ったうんこTシャツ先生は、授業で使う大きな定規を私の背中に入れて来ました。

グイッとうんこTシャツ先生が大きな定規を入れたところ、その定規が小学生女子がよく着るスリップの背中の部分に引っかかりまして、ビヨヨヨヨォォオンと斜め前へ飛びました。綺麗なアーチを描いていました。

そこでうんこTシャツ先生は言います。「ジャンプ台みたいだな。」クラスのみんなはギャハハハハと笑いました。

一緒にケタケタと笑えれば良かったのですが、とにかく笑ってさえいれば良かったのですが、私は口をムングッと閉じたまま、顔が真っ赤になっただけでして、その日を境に朝、上履きが自分の下駄箱に入ってなかったですし、その日からしばらく「ジャンプ台、ジャンプ台」と呼ばれました。

帰りは帰りで、外履きの薄ピンクスニーカーが自分の下駄箱に入っていることがなくなり、だんだん遠くになっていくので、最後、下駄箱にすら入ってなくなってしまうのではないかという恐怖を感じたのを覚えています。当時、上履きと外履きが下駄箱のどこに入っているかが私の全てでした。

いじめを受けていても、いじめっ子に対して「この人が○○をしてきました！」などと吊し上げることも吊し上げたいとも思ったことがないです。人をいじめるなんて、将来なんにもならないのになぁ、かわいそうだなぁ、と思っておりました。

うちが高齢出産でいとこのお兄ちゃんお姉ちゃんが大学生だったり高校生だったりしたので、変に大人びていたのか、かなりの鈍感さから来るものなのか……。悲しみはあったのだけど、冷静でもありました。


時は流れて、中学校の入学式。私は転校生でした。

母が転校生の私を気遣ってくれて、転校したのは入学式当日でした。

そうです。つまりは例の、先生からの「今日からこのクラスの一員の川村さんです。」の紹介がないままの転校生。A小学校とB小学校からの生徒が集まる市立中学。A小学校からの生徒には、「あ、あの人B小学校から来たのかなぁ。」と、B小学校からの生徒には「あの人A小学校から来たのかなぁ。」と当たり前に思われて、入学式からポツンと過ごしておりました。


暗かったからなのか、いじめはすぐに始まりました。

机の横に掛けておいた巾着《きんちゃく》袋に「バカ、アホ、シネ」などの文字が書かれた紙がいっぱい入っていたりしました。冷静だった私は、そのままその巾着袋を教室後ろのゴミ箱まで持って行き、ひっくり返し、ザーッと中の紙のみを捨て、何事もなかったように席に戻りました。廊下から2列目の前から4番目、後ろから3番目の席だったかと思います。

席に戻る時に見た目線とちょっとした怪しい初動で、「あ、Nさんがやったんだ。」と分かりました。特に先生に言い付けるとかそういうことは思いませんでしたが、直接謝ってもらいたいとは思いました。

教室前の教壇あたりにいたNさんのところへ行き、「バカとかシネとかの紙を書いて巾着に入れたのあなたですよね？　謝って欲しいです。」と言いました。そしたら、Nさんは一瞬びっくりした顔をして、「ごめんなさい。」と言いました。私が「いいよ。」と笑顔で言ったら、Nさんは苦虫を噛《か》み潰したような顔をしていました。そこから、Nさんからそういうことをされることはなくなりました。言ってみるもんだなぁと思いました。

ある時、国語の授業で短歌を書く宿題がありました。「川村書けよ」と言われたので、嫌でしたがある二人の宿題の短歌を書きました。

それがなぜか先生にバレまして、なぜか私が呼び出されました。

「書け！」と言われ、断れなくて書いたのですが、そこのところは先生に汲み取ってもらえず、「あいつらが死ねと言ったら、死ぬのか！」と言われました。

「死なないなぁ。」と思いました、が黙ってました。先生は怒っていました。

あの教室での先生と私の身体の角度、先生のめがねの光り具合、その奥の目、生成《きな》りの白のブラウス、そのブラウスの柄をすごく鮮明に覚えております。変な刺繍《ししゅう》だなぁと意識を刺繍に集中させて気をまぎらわしていました。太陽の日差しがとても強い日でした。


またある時は、湯呑みの絵付けをしろ！と言われました。

何個も描きました。

湯呑みが出来上がってきた時、班ごとで一番良い湯呑みを発表しよう！というのがありました。

全部の班で選ばれた湯呑みが私が描いたものでした。心が沸騰する時みたくプップツしてすっごく高揚したのを覚えています。「全部わたしの描いたやつじゃん！」と。

中学では美術部だったのですが、このことから更に活動に精が出ました。精が出たこともあってか、当時４コマ漫画を描いていたのですが、その４コマが新聞に載りました。

「湯呑み全部選ばれた案件」と「4コマが新聞に載る！」と「KinKi Kidsさん」と「あすなろ白書の西島秀俊さん」がその当時の私の心の支えでもありました。KinKi Kidsさんと西島秀俊さんが好きな話はまた別のお話です。

美術部の髪が腰まである女子生徒と私で、丑三《うしみ》つ時に白い服を着て、町内を回っているという噂も立ちました。その程度の噂は、何てことないです。朝飯前です。話したことの無いクラスの人や別のクラスの人に「そうなの？」と聞かれたら、「白い服好きです。」とだけ答えていました。そう答えると、聞いて来た女の子はキャッキャして離れて行きました。

芸人になった後、当時のいじめのエピソードを話すと「どうやって乗り越えましたか？」と聞いていただくのですが、乗り越えてはいなくて、事実として受け止め、他に心の拠り所を見つけることで心を逃していました。

そして不思議なことに、学校を休もうとは1ミリも思ったことが無かったです。

休んだ分のノートを貸してって言うのも、見せてって言うのも嫌でした。なので、這《は》いつくばってでも学校に行こう！と決めていました。中学とか高校とか遅刻はありましたが、ほぼほぼ皆勤賞だったかと思います。

夢中になれることを見つけて没頭したこと、大正解です！　小学生の私!!　もうこちら40のおばさんですが、気になることへの没頭力、興味津々チカラは小学生のいじめをきっかけに養ったのではないかなぁと思うのです。そう考えれば、糧《かて》になっている部分もあります。

自分で生きて行く！　一人で生きて行こう！というのがすごく強くありました。なので、いじめを経て強くなったのかなぁとも思うのです。

大きくなったら？

幼稚園の年長さんの時の記憶としてとても色濃く残っているのが、お誕生日月にステージに登壇し、将来の夢を発表するというイベントです。

黄色いクチバシに黄色の羽、なぜか赤いボディのあひるさんで羽の部分が二重構造になっていて、上の羽の部分をめくるとお腹の部分に夢を書くスペースがある紙に、自分の夢を発表すると、その場で先生が書いてくれます。

ズラリとお誕生日の子たちが体育座りで並びます。

私と同じ12月生まれの園児は10名ほど、私の順番は5番目。真ん中辺りでした。

私はこの時「舞台に立つ人になりたい。」と思っていました。

先生が言います。「○○ちゃんの将来の夢はなんですか？」「お花屋さんです！」1番目の子が言います。2番目の子も元気に答えます。「お花屋さん！」どんどん順番が回って来ます。みんな、歯切れ良く元気にスパスパ答えていきます！

順番の前に小さな声で「舞台に立つ人です。」と練習しようと思いましたが、「ぶ、ぶ、」と「舞台」の「ぶ」の字も出なくて、勝手に一人で慌てていると気付いた時にはすでに私の前の子が答えていました。「もう私だ！　どうしよう。」


先生は間髪容《い》れずに聞いてきます。

「えみこちゃんは将来何になりたいですか？」

先生はあひるさんの紙を広げて、ボールペンで書く準備万端です。

あひるさんの紙をジッと見ながら、えみこ！　行けっ！　言うんだ！　さぁ！　さぁ！　「舞台に立ちたいです！」と言うんだえみこ！

どんなに心で叫んだって先生には届きません。

声が出ません。

先生はもう一度、「何かなりたいものある？」と優しく聞いてくれました。

その瞬間、胸のど真ん中がカァーッと熱を持って火の玉みたく熱くなり、更に硬直しました。火の玉を押さえたくて、手を胸に当て、グーにして、なんとか「ぶ」と言おうとしても、声が出ません。

「ぶ」を言う少し口をすぼめるカタチで唇が固まったままです。

頭の中では、言わなくちゃ！　言わなくちゃ！とすっごく思っても、どおしても声が出ません。

答えるのが遅い私を先生は怒っているかもと思ってチラッと見たら、今度は喉が詰まったみたくなりました。

「他人にわたしなんぞの夢を言うなんて恥ずかしい、でも、舞台に立つ人になりたい。でも、でも、でも、どうしよう。」頭の中で「どうしよう」が竜巻みたくグルグル回って、身体がチンチンに熱くなり、沸騰しきっていました。


なおも「ぶ」のスタンバイの唇のまま、硬直し、私の後ろの二重で目がクリッとしてキラキラの女の子が「まだー？　まだー？」と言ってきます。

心の声を先生が聞けるパワーがあったらいいのに、と思って、「舞台、舞台、舞台、舞台、舞台」と先生を見て念じてみましたが、そんなテレパシーなんぞあるはずがなく、痺れを切らしたであろう先生が「ケーキ屋さんかな？　お花屋さんかな？」と。

心の中で「舞台の人です。」といっぱいいっぱい会話しているのに、悔しいかな、一つも声にならずです。大きなまぁるい宙に浮いた水の塊の中に「舞台の人」という気持ちがあるのですが、そのまぁるいプールから飛び出せないのです。

恥ずかしいという気持ちでいっぱいになってしまいました。

先生が困った顔をしました。

私は今もなお、口を少しすぼめて「ぶ」のカタチにしたままです。

「じゃあ、えみこちゃん最後にまた聞くね。」

「ぶ」唇のまま小さくうなずきました。

先生から解放されました。


「まだー？　まだー？」と言っていた私の次の女の子は先生が聞く前に「ケーキ屋さん！」と答えていました。クラスではお花屋さんとケーキ屋さんが大ブームでした。

答えられない時、息もままならなかったみたいで、鼻でススン、ススススン！と2回空気を吸って、スゥーッと吐いた後、「なんで声に出せないのだろう。」と落ち込みました。落ち込んでいたら、最後の子が終わって先生がまたすぐやって来ました。


「えみこちゃん、決まったかな？　将来の夢は何かな？」

「将来の夢っていうか、今の現時点での夢ですけど。」とか余計なことを思いながら、先生の持っている紙のあひるさんの顔を睨みつけていっぱい念じました。

「舞台に立つ人、舞台に立つ人、舞台に立つ人になりたいです。」何度心の中で言っても、届かないです。声が出ないです。

先生が大きなため息をつきました。

その時、私の中で「あーもう時間切れだ！」と思いました。

「ぶ」になっていた唇をほんの少しだけ顎を開いて、動かし、「お、お、お、お、は、な、屋さん」とあひるのポテッとしたかわいらしい顔を、苦虫を噛み潰したような顔で睨みつけながら答えました。

自分で思ったよりも低い声だったのにビックリしました。

それはそれは辿々しく、「お花屋さん」と答えました。

先生がワントーン声を上げて「はーい！　なれるといいねー。」と言ったと同時に「はーい！」の明るさの中に（さっさと答えろよ）の丸カッコの言葉が聞こえました。

その時の情景を今も覚えていて、心の中だとすぐにタイムスリップ出来ます。あの時なぜサラッとみんなみたく答えられなかったのか今でも後悔しています。すぐ答えられなかったこともですが、本当のことを恥ずかしくて言えず、「お花屋さん」というブームに乗ったことが何よりの後悔です。今更、後悔したって仕方ないのにです。

次の月の1月。同じ幼稚園に通う2コ下の3歳の弟がお誕生日だったのですが、そのお誕生日イベントの時、ステージでそれはそれは大きな声でハキハキと「大きくなったら、ウルトラマンになりたいです！」と言っていました。弟が言ったと同時に、年長さんたちはみんなウルトラマンにはなれないことを知っていたので、笑いました。先生は「そんな笑っちゃダメよ！」の意味を込めて、「拍手〜！」と言いました。弟は笑われていたけど、真っ直ぐ前を向いて、堂々としていました。

すごいと思いました。背も一番前で小さかったのですが、いつも堂々としていました。

弟は優秀で、幼稚園の学芸会ではシンデレラの王子様に抜擢《ばってき》され、ＩＱテストではトップクラスだったらしく、お母さんが嬉しそうに「まーくんがね、まーくんがね。」と言っていたのを思い出します。

弟の学芸会のビデオを親戚のお家で見た時のみんなの嬉しそうな顔ったらなかったです。

シンデレラは恒例の演目でして、従姉妹が「えみちゃんは学芸会何やったの？」と聞いてきて、「聞かなくていいよ、やめてくれよ。」と思いながら、「舞踏会に来てた人」と答えました。それともう一つ、ホウキだかモップだかの掃除道具の役もやったことは隠しておきました。

まーくんはその後も自分の心に真っ直ぐに向き合い堂々と前を見て、夢を聞かれたらハキハキと答え、大人になった今、それを叶えているので、これまた本当に尊敬なのです。（ウルトラマンではありません。）それはまた別のお話です。

「舞台に立つ人」と答えられなかった幼稚園の私は引っ込み思案ということを除いてはスクスク健康に育ちました。小学、あれは3年生の緑が綺麗な春だったかと思います。父とショッピングモール横のだだっ広い芝生でお買い物終わりに休んでいました。元々白だったであろう少し汚れた、ツルッとしたペンキが塗られたステージにお姉さん、お兄さんが登場しました。

「良い子のみんなー！　これから大声大会をやりまーす！　参加してくださーい！」

芝生で遊んでいたちびっ子やレジャーシートで休んでいたちびっ子、バドミントンで遊んでいたちびっ子がステージにわぁぁっと集まって行きました。

お父さんが「えみちゃんも行っておいでよ！」と言いました。

私の夢は変わらず舞台の人でしたし、声を出すのがとにかく苦手だったので、「今日こそは！」の気持ちで意を決して並びました。

ステージの右側裏に1列に並びました。幼稚園児から小学校高学年くらいの子たちです。

ステージにはデシベル測定器が置いてあって、お姉さんが向けてくれるマイクに向かってちびっ子が大声を出すと、機械が反応。

お兄さんがデシベルを読み上げ、「元気が一番！　ありがとう！」と言って、左側からステージを降りて行くというシンプルなものでした。どんどん順番は回ります。

「58デシベルー！　ありがとう！」

「さぁ、次のお友達！　どーぞー！」

私です。私が次のお友達です。

「お友達じゃないですけど。今日初めましてですけど。」とまた余計なことを思ってしまいました。

そんなことを思いながら、パタパタパタパタパタパタという表現が合いそうな足取りで静かにステージ中央に立ちました。

広い芝生がステージの上からだと更に広く見えて、寝転んでいる人や立って見ている人たちが計算したかのようにバランスよくいるように見えて、芝生と人々とがとても綺麗で一瞬見惚《みと》れました。

お兄さんの「さぁ、お友達、どーぞぉー！」の「ぞぉー！」が高く上がる言い方の合図と共にお姉さんのマイクに向かって声を出します！

息を吸って、「さぁ！」いざ声を出そうと思ったら、まさか、なんと、声が出ないのです。

なんともかんとも困りました。

またあひるの紙に夢を書くあの日のように胸が熱くなりました。火の玉参上です。

「あ――」声が出したくても出ないのです。

お姉さんが優しく小さい声で言ってくれます。

「あーって言ってごらん。」

まばたきでうなずいて、心の中で「せーの！」で、

「あ――」

すっごぉぉくうっすぅぅい声が出ました。私の中では出たつもりでした。

しかし、デシベル装置は「ゼロ」を表示していました。

声は出ていなかったのです。その時、一瞬の静寂がありました。無音。そして、風

もありませんでした。時が止まったかと思いました。

お兄さんが「えっとぉぉ、ゼロデシベルでーす！」

自分でもびっくりしました。

ゼロデシベル……ゼロってあるんだ。

声出てなかったんだ。愕然としました。

自分の耳を疑いましたが、現実でした。

首が漫画みたくガックシとなり、下を向いて左側からステージを降りました。お姉さんの困り顔が思い出されます。

あひるの紙に夢を書くあの日に続き、芝生の白いお城みたいなステージでの大声大会でも、声を出せませんでした。

父の所に戻ると「何やってんだよ！」と笑っていたのが救いでした。「出なかった。」と私が言うと、「今出てるじゃん！」とまだ笑っていました。


そもそも舞台に立つ人になりたかった始まりは、母のお兄さん、つまり伯父《おじ》さんが「劇団民藝」というところで役者さんをしていまして、小さい頃舞台に連れて行ってもらっていたことです。幼稚園児の私は心奪われました。その観劇がキッカケです。

小学1年生のおじいちゃんのお葬式の時、喪主だったその伯父さんが親戚みんなの前で挨拶をしました。30畳くらいの広い部屋で御膳が一人一人に置かれて、伯父さんが挨拶を始めました。

「うちのおやじっていうのは……」で始まり、伯父さんが声を発した時から空気が変わりました。

暗いはずのお葬式が笑いに包まれました。伯父さんがものすごくかっこよく見えました。

私も伯父さんみたくなりたい！と思いました。幼稚園の時よりも更に強く思いました。

更に強く思ったにもかかわらず、大声大会でゼロデシベルを記録しました。なんたるや、です。

声が全く出ないのに、小学校の休み時間には、サインを考えていました。ピン芸人の時のサインは小学生の頃考えたサインを元にチョイ足しして作りました。

自分の声が出ない現実があるにもかかわらず、前向きなのか、鈍感過ぎたのか、舞台に立つ人にはずっとなりたかったです。多分後者です。

小学校の部活動は高学年から始まりました。演劇部はありませんでした。体育がとにかく苦手で未だに逆上がりが出来ないくらいなので、動きをせめて普通にしたかった私は、苦手だけど運動部に入りたかったのです。

Iちゃんという優しくて、クラスで一番背の大きな女の子に「家庭科部に入ろう！」と声を掛けてもらいました。私はバドミントン部に入りたかったのですが、「うん」と約束してしまいました。

仮入部も一緒に付いて行きました。

お料理は楽しかったです。とてもとても楽しかったです。

先生から配られた用紙に入りたい部活を書いて提出するのですが、最後の最後に「ただ楽しくて良いのか？　本当にやりたいことなのか？」ともう一人の私が声を掛けてきました。

鉛筆をギュッと握りしめて、気がついたら「バドミントン」と書いていました。

仮入部も一度も行かずに、入部しました。

私はIちゃんを裏切って「バドミントン部」に入りました。気持ちを言葉にするのも、「NO」を言うのも苦手でした。「NO」と言えない日本人です。イエスマンの癖に最後の最後に自分を貫く！という「だったら、最初に言ってよ！」と言われてしまうことをしてしまいました。

Iちゃんに「ごめんなさい。」と何度も言って、トロ過ぎる自分を普通にしたくて、バドミントン部に入りました。


入部してから、運動神経が本当に無いんだ！と思ったのですが、みんながスパンスパン楽しんでいる中、なかなかラケットに羽が当たらなかったです。

またなぜかバドミントン部なのに、縄跳びの時間がありました。未だに二重跳びを1回も跳べない私は前跳び専門にもかかわらず、全く跳べず永遠に引っかかりながら時間が経つのを待っていました。

トロいのは直らなかったような気がします。


中学にも演劇部は無かったので、バドミントン部での失敗を生かし、絵を描くのが好きだったので、美術部に入りました。

しっくり来ました。すごくしっくり来ました。

油絵でセザンヌの模写をひたすらしたり、4コマ漫画を描いたりしてました。

そして、高校生。念願の演劇部がありました。

部活紹介の体育館。

演劇部の番です。ドキドキしながらステージを見たところ。弾けるチアリーダーのようなダンスを踊っていました。とてもじゃないけど、無理だと思いました。眩《まぶ》し過ぎました。

演劇部は諦めました。

完全に暗かったのですが、鴻上尚史《こうかみしょうじ》さんの本やイッセー尾形さんの本などのお陰なのか、前向きな自分もいまして、「まず！　大きい声を出せるようにならなければ！」と思いました。

大きい声を出せるような部活はなんだろう。

「そうだ！　剣道部だ！」

担任の先生が剣道部の顧問だったこともあり、入部しました。

一応、「花の高校生活」への憧れもあったので、仮入部期間中、勇気を出してテニス部にも行ってみました。

仮入部に行ったところ、上級生に「あんた、入んないでねー！」と言われました。イケテナイ人お断りの雰囲気がバンバンありました。まさか仮入部期間で断られるとは思わなかったので、背伸びはするもんじゃないです。

剣道部に入って、朝練に午後練、夏の合宿に数々の試合。とにかく頑張りました。生粋の真面目っ子倶楽部なので、休まず頑張りました。

ただ部活の剣道をやっている時は大きい声を出せるのですが、普段は全く声が出ず、あの剣道の面が無いとなんの声も出せないことが分かりました。普段から全校生徒が学校ではお面を着けて生活するというルールがあればいいのになぁと思っていました。

しかも、運動神経がないので、全く勝てず、高校3年生の最後の春の大会で、小さくそれは小さく面に当たったのを、審判だった顧問の先生が勢いよく「一本」の旗を上げてくれて、それにつられたのかもう一人の審判さんも上げてくれて、私の心技体というよりは顧問の先生の心技体が私の動きに合わせてくれて、最初で最後の試合で人生初の一本を取れました。後にも先にも、その一本しか剣道では取れたことがないです。

終わったあと、顧問の先生が「勢いよく上げてみたよ！　良かったなぁ！　一本取れて！」と体育館の端で言ってくれました。部長のCちゃんも「良かったね。1回も勝てず終わらなくて良かったね。」と喜んでくれました。

最後だから、先生が他の審判の先生にもお願いしてくれてたのかなぁとふと思いました。

それでも、面に当たっていたのは確かなので、嬉しかったです。

ものすごく弱かったので団体戦ではいつも私は負け戦ということで「大将」にいました。何にもチカラがないのに大将です。

先鋒、次鋒、中堅、副将、大将の5人で戦います。そのうち3回勝てばこちらの勝ちです。

だから、私はいつも大将の席にちょこんと座り、先輩方なんとか勝ってください、という念を送り試合に挑んでいました。相手方は大将に本当の大将を当てはめているので、試合が回って来た時は大変です。はじめっ！の合図で吹っ飛ばされたこともあります。

真正面からブツカッていたのですが、後に大学に入り、国分寺の居酒屋とんちんかんで、先輩から「納豆を食べていって、ツバ迫《ぜ》り合いの時、息をハァハァするんだよ！　後は、急な二刀流！な。はじめっ！の合図で2本のうち1本落として、相手の隙を攻める！　そういうことやんなきゃダメだろ。」と教えてもらいました。

「すごい！　面白いです！　そういう考えの人、剣道部にいませんでした。」と感動し、異様に甘いバニラアイスがのったカルアミルクを一口飲みました。その時、あー大学生になって良かったなぁと思いました。（それもまた別のお話です。）

そして、高校が終わり大学生になった時、「好きなことができる最後のチャンスだ！」と誰から聞いた訳でもなく思い、今まで入れなかった演劇部に入ろうと思いました。

初め早稲田大学のお友達に聞いて、「劇団インベーダーじじい」というところに連絡して、ワークショップに参加しました。

剣道部でチカラもないのに大将をやって来た私は少しだけ度胸がついていたみたいで楽しいワークショップでした。早稲田大学は高田馬場。私の大学は国分寺。自分の通っている大学の演劇部で良いのではないかなぁとも思いました。

今にも崩れそうな部室のある建物に行き、【演劇研究会】のドアをいざ1・5階に見つけました。

緊張してすぐにノックは出来ず、崩れそうな3階建ての建物を4周はグルグルグルグルと回りました。春なのに暑い日で汗だくになりながら、次前を通った時ノックするぞ！　できるぞ！私。できるはずよ！と唱えながら、ゆうに1時間は経っていて、もうキャンパスにも人が減ってきてしまったと思い、いざ！トントン。手をグーにして、ギュッとして誰か出るのを待ちました。もう一度、トントン。反応はありません。

思い切ってドアノブを回しました。

鍵が掛かっていました。なんだかホッとしたような、ガッカリしたような、サッサとトントンすれば良かった、という自分を責める気持ちやらで、ドッと疲れました。

週明け、昼休みにすぐにトントンしに行きました。

扉のギギギという嫌な音と共に、私の憧れだった舞台に立つ人への一歩目の扉が幼稚園から15年にしてやっとこさ開きました。

そこにはOBの人が居座っていたり、初めての舞台がコントだったりと、とても濃厚な演劇部生活が始まります。

それもまた、別のお話です。

私の中のずーっとヒーロー

高校生でもなく、大学生でもなく、社会人でもない、浪人生。
どこのカテゴリーにも所属出来ず、映画を観る時や美術館に行った時、自分がどこにも所属してない、所属出来ていないことに落胆する浪人時代の話です。１９９８年、川村恵美子、浪人時代。

そこの塾は厳しくて有名でして、机の上をどかどか歩きながら「こんな簡単な問題分からないようじゃ、電車にひかれて死んじまえ！」やら「お前なんで生きてんの?」やらをすぐ言ってくる毎日白色のビッグYシャツに黒い細パンツの先生や、話す時に首が少し傾いていて、汗がブンブン飛んでくる熱い先生や、すぐあだ名を付ける古文の先生などがいました。

私はいつもあまりに出来ないので「通じない」という意味で「宇宙人」とあだ名を付けられました。

そして、とにかく生徒に問題を出し、答えられないと、なんで分からないんだ！と机をバンバン叩いてくる、ものすごい怒る怖い学長がいました。


その学長の授業でのことです。100人はいる教室でした。英語の授業でした。

いつもの如く学長はすぐに問題を出してきます。

日本語訳を答えなさい、という問題でした。

緊張感の中、ある女の子が指されました。


「ボビーはアランに頼まれるがまま、その大きなサインが付いた荷物を小屋の中にしまいました。」


全く違う訳でした。

その学長はすぐさまその子の所にやって来て、髪の毛を鷲掴《わしづか》みにして、グイグイと引っ張りました。

女の子は顔を真っ赤にして下を向き、涙をグッと堪えました。

学長は「しっかりしろ！」と言いました。

その時です。

緊迫した空気の中、スッと立ち上がった男の子がいました。

Ｉくんです。

「そういうことするのは間違っていると思います。」

１００人はいる教室で、立ち上がって意見を言えるＩくんは本当にカッコよかったです。

学長は言いました。

「だったら、出て行けっ！」と。

Ｉくんは荷物を持ってサッサと出て行きました。

その日からヒーローです。

どんなに好きな人が出来ても、私の中でいつでも別格で一番のヒーローです。

Ｉくんは南のほうの血が少しばかり入っているのではないかしらと思う、割と濃いめの顔で、軽い天パ。しかも、天パに惑わされていないタイプ。天パを自由に操り、オシャレ髪型に生かしちゃう天パくん。

的場浩司さんを少し背を高くして、優しくした、仲村トオルさんのような人。つまり、仲村トオルさん。

努力しているのは一切見せないタイプ。いつ頑張っているのかなぁってくらい爽やか！　Iくんが歩いた後は爽やかな風が少し吹いているイメージ。実際吹いていたんじゃないかな……。

Iくんはちゃんとリアルに生きていて、デカいこととか言わない。

「そーだなぁー。」が口癖で話している時に優しく会話に入る人。

当時、Dくんというといつもダボッとしたすごい黄色のバスケットユニフォーム（ちなみに背番号は3番）にダボッとした半ズボンを穿き、「チャラく見えますか？　でも自分学級委員長です。大学入ったらサークルまとめたいっす！」って男の子がいました。

そのDくんが、私が暗かったり先生にボロかすに怒られたりしているのを見て、話したこと無かったのに、私を救ってくれようとしたのか塾の授業終わりに突然、

「自分の人生、自分が主人公って思わなきゃやってらんないじゃん！」

「川村の人生は川村が主人公だぜ！」

と言ってくれたのですが、得意の、顔が「ム」になりまして。顔が「ム」になりますと、心が動かなくなるのですね。

私は「う、うん。そうだね。」と、そうだねと思ってない顔で答えました。


22年前の当時から、きっともっと前からあるのでしょうけど、世の中にはびこる「主人公理論」。

Dくんのその考え方は理解出来ても、なんでしょう、「人生楽しいですか？」って聞いたら、「すんごい楽しい！」と全面笑顔で答えるその雰囲気をどーしても受け入れられずで……。「いや、浪人中だよ！　つらいっしょ！」と思っちゃうタイプでした。

Iくんはこの話をした時、「まぁ～、気にすんなって！」と笑ってくれました。「まぁ～、気にすんなって！」から始まる男性のタイプについて教えてくれました。いちいち惑わされている私のことを笑ってくれていました。

なんでしょう。決めつけない。誰のことも。

Dくんの良いところもたくさん見つけられるようになりました。

Ｉくんはそんな人です。

わたくし、頭は全然良くないですが、真面目なもので毎日朝9時に塾の自習室に行き、勉強していました。

大部屋で勉強している時、席の前にＩくんが椅子の背もたれを前側にして座って、私の勉強を見て来ました。

その時、私は何度も何度もノートいっぱいに単語の練習をしていました。

「なんて効率の悪い勉強法してるんだよ！　この問題が出てきた時に答えられたらそれでいいんだよ。１００回書いたって意味が無いんだよ。」

「そっか！　そうだよね。」

優しいなぁと思いました。

私は浪人時代いつも「午後の紅茶」のレモンティーを飲んでいたのですが、Ｉくんが買って来てくれたこともありました。

塾の近くに安くてボリューム満点のお弁当屋さんがあったのですが、一緒に買いに行ったこともありました。Ｉくんは頭の良いクラスだったので、たまにですが京急線で途中まで一緒に帰ることもありました。

昼下がり、お弁当を買いに行った帰りだかにビルの影になる道を歩いていました。

Ｉくんは言いました。

「18にもなって付き合ったことないやついないよな。」

私は誰とも付き合ったこと無かったけど、恥ずかしくて「うん。」と言いました。

今思うとあの時が最初で最後の告白のチャンスだったのだなぁと思うのです。

言ってたら何か変わっていたかなぁと思うのですが、それは後悔しても仕方ないです。

そういう運命です。

Ｉくんは誰もが知っている大学に行き、誰もが知っている会社に就職し、結婚し、子どもも二人いて、休日はキャンプをし、今でも私の相談にのってくれます。

Ｉくんはいつまでもいつまでもヒーローです。
みなさんの中にいつまでもヒーローな人はいますか？
今の夢の一つは私にも家族が出来て、Ｉくん家族とキャンプに行くことです。
そんな話をしています。

こけしと私の出会い

わたくし、こけしがとても好きです。

こけしと聞くとなんとなく怖いイメージがあるかと思いますが、そんなことはありません。

「いやいや、またまた」とお思いになったでしょう。

まずは私とこけしの出会いについてお話しさせてください。

20代後半。人生リセットするならギリギリだぞ！っていう27歳手前だったと思われます。

私は新井薬師駅前の焼き鳥屋さんでバイトをしていました。そこでのバイトは夕方5時からの開店に合わせて、4時30分入り〜深夜3時まで。お店自体は4人がけのテーブル席3つに、カウンター席が12席ほど。お店の閉店作業は2人態勢。

とにかく店長さんがとてもいい人で、大学が同じだったという理由で26歳の私を雇ってくれました。

シフトが入った状態で「すみません。明日、オーディションが入りました。休ませてください。」なんて言ったもんなら、通常ならば「はぁ？　こっちも仕事でしょうが！　意識が足りな過ぎる！　もう来なくていいです。」とか言われて「はい！　サヨナラ!!」つまり「クビ」が多い中、この店長は「OK分かった!!　行ってこ――い!!　その代わり、合格して来いよ!!」（親指を立てたGOOD！サイン）と青春漫画並みのアツさと心意気で送り出してくださる方でした。私は中野一アツい男だと今でも思っております。どうにもこうにもやりくりが出来なくなった時は、お給料の前借りもさせてくださいました。


川村「店長、お給料の前借りは可能でしょうか？」ドキドキしながら聞いたところ。

店長「よぉぉぉぉぉぉぉぉぉし、分かった。準備しておくから、取りに来なさい。」と快くOK。更に、その月働いた分を、4万円にくり上げてくれました。

九州系のいわゆる「ぢどり（地鶏）」のお店だったので、まかないも最高でした。チキン南蛮タルタルソース掛け&ご飯&煮物です。まかないをお持ち帰りにしても可なのも最高でした。

かなりありがたい環境でバイトしていたのですが、楽あれば苦あり。良いことばかりではありませんでした。

なるべく突然休むことがないように深夜の閉め作業の時間帯にシフトを入れてもらうことが多かったのですが、閉め作業の人数は2人。でも、店内に3人。あれ⁉です。もちろんお客さまでです。深夜3時までOKなんですから……。

しかし、そのお客様が問題でして。もう一人のバイト君の彼女さんなのです。

お店の一番手前のカウンター、そこは焼き鳥の焼き台のすぐ横なのですが、キャッキャッ！　キャッキャッキャッ！と楽しそうな声が響きます。

「ねぇ、はに丸君って覚えてる？」と彼女さん。バイト君は「わかってるよぉ〜。あれだろ、あれ！」とはに丸王子の歌を歌い始めます。

私はというとグリスト掃除という、床を開けるとGEROみたいなニオイと共にGEROみたいなものが溜まっている場所があるのですが、そこのDORODOROしたものを金魚すくいの要領ですくっては捨てる作業をしているわけです。

そのバイト君はちょっとエラいバイト君だったので、「たまには代わってくださ い。」とも言えず、明るく「代わってくだされ！」とか言ってみようかなぁ、と何度か試みたのですが、実行には移せず。

彼女さんとキャッキャッ！　キャッキャッ！するのを横目にジッと我慢していました。

深夜3時は回ってますし、結構心身共に、いや主に「心」の部分がやられていたある日、ふと入った雑貨屋さんで私は初めてのこけしちゃんに出会いました。

お店に入ってすぐに目が合いました。「ずっっきゅうん！　ばっきゅん‼」恋に落ちました。恋ってするもんじゃない！　落ちるもん！なんて聞きますが、まさにそれです。

右も左も向かず、（まぁ木で出来てるんでそりゃそうなのですが、）真っ直ぐに前を向き、実直な所に惚れました。惚れ込みました。えみこ、ほの字です。

耐えてる様子もグッときました。13センチ程の木のお人形に惚れ込みました。

グリスト掃除をする自分と重ね合わせた部分もあります。

元気が湧き上がりました。もこもこと身体の奥から盛り上がってくるものがありました。

その雑貨屋さんで出会ったその子をすぐに購入し、お家に連れて帰りました。

そこから私とこけしの物語が始まりました。

はじめは、その「ファーストこけし」ちゃんをとにかく眺める。目に入る所に置いて、とにかく眺める。テレビの横。玄関。洗面台。生活と共に移動させて、こけしちゃんin視界にすることで日々ニヤニヤする生活が始まりました。（この遊び方を、「ご移動こけし」と名付けました。）

このファーストこけしちゃんをバイト先にコッソリ持って行ったこともあります。バイトでの声に張りが出ました。

「せせり一人前入りま――す！」

大好きな店長に「お！　声出てるぞ‼　いいね‼」なんて褒められたりなんかして。こけしパワー全開です。

業務用の食器洗浄器で洗った食器はビックリするくらい熱いのですが、それも何の、どこかで修業でも積んできたかな私？ってくらいホイサホイサ！と洗浄器から取り出せるのです。開けたばかりの洗浄器から出てくる水蒸気で顔ミストしちゃう余裕すら生まれるのです。恐るべしこけしパワー！　侮るなかれこけしパワー！です。

ふと、こけしは私になぜこんなにもパワーを与えてくれるのか、考えてみた所。「顔が似ている」というのが大きいのではないかと思っております。初めてこけしに出会った時、自分を投影した部分があったのもそうなのですが、顔が似ている小さな私が私に「頑張れ!」って言ってくれている気がします。

チビえみこが「頑張れ!」って言うなら頑張りますとも! あなたがいるなら頑張りますとも‼となります。

結婚したこと無いので分かりませんが、それは「夫婦」のような関係であったり、親友のような関係とも近い、心の寄り添いどころなのかもしれないです。

こけしが私にパワーを与えてくれるもう一つの理由は、木という自然物で出来ているというのもあります。

「ぬくもり」です。木のぬくもりは安心感にも繋がります。こけしパワーは偉大です。

こんな素晴らしいパワーを秘めているこけしですから、深夜のはに丸王子で盛り上がるカップルにも効き目を現してくれる!と思ったのですが、そうは問屋がおろしません。リア充には敵《かな》わなかったです。

「いつかきっと、キャッキャッ出来るカップルになれるぜよ！」「慌てることないぜよ！」とこけしを通して自分自身に言い聞かせてみましたが、グリスト掃除の所謂GEROの香りとリア充仲良しカップルには、日本の伝統工芸品である木の人形は太刀打ち出来ませんでした。

そこで、こけしへの愛が冷めることもなく、逆に深まりました。

こけしに頼るのではない、むしろ私はこけしを愛し、こけしを引っ張っていく「こけしの親分」にならなければならないと。頼るのではなく、お互い寄り添い合う自立した関係、むしろ引っ張っていく存在になることを決意したのです。

こけしの親分誕生です。

こけしとえみこの出会い第1章はここで終わりますが、まだまだ私とこけしの蜜月は続いております。

半年に一度選抜が行われる
「神ファイブ」、
2020年春夏の選抜メンバー。

自宅のこけしコーナー。

エッセイに登場した、
マイファースト
こけしちゃんです。

こけしの講演会に呼んでいただきました。

母の前世はエジプト人？

母は私のことを高齢出産で産んでくれました。

母38歳、父は40歳でした。令和の今は40代で出産する方も少なくありませんが、当時はとても珍しかったようです。

父は真珠湾攻撃よりも前に生まれていて、現在、御歳80歳です。スマホを使ってメールのやり取りをしているので、若いなぁと思います。

母はＬＩＮＥをスマホにダウンロードしたものの、使い方が分からず久しぶりに会った時６２７件たまっていました。二人で笑いました。画面に触るのが怖いそうです。

「触ったら爆発するわけじゃないし、色々触って覚えたらどうですか？」と言っても

「そうよねぇ。怖いわねぇ。」と言っています。

スマホを触る指の具合も分からないとのことで、そもそも画面を触って操作できるわけないと思っているのですね。すっごい強めにタッチしてしまいます。そうすると指の乾燥も相まってか、画面が反応しないです。

「少し触れば反応するよ。」と伝えても、その「少し」の具合が分からないのです。

この「指でタッチする」感覚は昭和初期女子には無いみたいなのです。母に限ってかもしれませんが……。

しかも、目の前ではなく、電話で話しながらの遠隔で操作を伝えたりするので、メール一つ送るのを伝えるのに余裕で1時間経ちます。

最近できるようになったこともありまして、LINEのビデオ通話に出られるようになったのですが、どうしても顔が入る角度が見つからず、画面におでこしか映らない状態で話します。

電話で話していてもすぐ切れるのは当たり前ですし、さっき話したことを次の瞬間「なんだっけ?」とかもあります。でも、昔のことはものすごく覚えていて、小さい頃に食卓にて、私が話すのが苦手だったので、いっそのことボディランゲージにしよう!となりまして、ジェスチャーで伝えるのがブームだったことがあるのですが、そういうのは覚えていたりします。

「昨日何食べた?」を思い出せなかったりするのを気にしなくなってきたのは少し心配だったりしますが、そんなこんなで私40、母78、父80で、東京と神奈川と離れてはいますが、ワチャワチャな日々を過ごしております。

両親が「あ、他のお家のお母さん、お父さんよりも年齢を重ねてるな。」と気付いたのは、小学校の授業参観でした。

クラスのお父さんお母さんがうちの両親と話す時、お辞儀が深めでした。元々父ヨシヒコはペコペコタイプでしたが、それの倍、丁寧に挨拶をしてもらっていたので、なぜ？と思ったのがはじまりです。

おばあちゃんに至っては、近所で「化石ばぁ」と呼ばれていました。明治生まれだったので、戦争の話やら、関東大震災の話やら、色々教えてもらいました。

「とにかく生きなきゃならない！」とよく言ってました。おじいちゃんは校長先生でおばあちゃんは家庭科の先生だったらしく、学校で出会って結ばれたと教えてもらいました。

結ばれてなかったら、私は居なかったので感慨深いです。

うちの両親は他のお父さんお母さんたちより10歳くらい余裕で上だったこともあり、塾に父が迎えに来てくれた時は「おじいちゃん、迎えに来てるよー。」とよく言われました。お父さんは「参ったなぁ。」と右手を頭の後ろにして笑ってました。

高齢出産の良かったところとしては、40から子どもができて、そこからもうひと踏ん張り！と思ったらしくバイタリティがあります。とにかく年齢の割に元気です。色々興味があります。父が80歳でスマホを使っているのもその一つかと思います。

母はエジプトに行ったこと無いのですが、エジプトの絵をずっと描いています。家の近くにお友達とアトリエを借りて、油絵で描いています。顔がズレていて幾何学的だったり、ファンタジーっぽさもあったり、畳1畳くらいの絵を何枚も何枚も描いていて、圧倒されます。

何十枚ものエジプトに紛れて私を描いてくれたりもしているのですが、少し可愛く描いてくれるのでなんだか申し訳ない気持ちになります。

老老介護が終わってから油絵を始めたのですが、銀座で個展を開くまでになっていて尊敬しています。

母は私が小さい頃からよく「死ぬ3日前だって、やりたい！と思ったことをやりなさい！」と言っていました。

「芸人になりたいです。なので、オーディションを受けました。」と事後報告で伝えた時も、反対されるかなぁと思ったら、「やりたいことがあるのは素晴らしいことよ！」と喜んでくれました。父は何も言いませんでしたが、私に公務員の受験要項を受験資格のある30歳まで毎年送ってくれました。父は心配性です。

また大学受験の時も現役で短大に受かったのですが、「浪人して四大に行きたいです。」と伝えたら、母は「学生は1年でも長いほうが良いから。」と許可してくれました。感謝です。

エジプトの絵は油絵なので、実家の廊下は油絵くさいのですが、それが実家の香りになりつつあります。

遅く生まれたことで悔しい思いをしたのは、年始です。

親戚中で私と弟が一番小さかったので、私小学1年生、弟幼稚園の時は、貰えるお年玉は一人500円、多くても1000円。

親戚のお兄ちゃんたちはすでに小学校高学年から高校生、大学生。みんなに1万、1万5000円を渡していることを私は知って、申し訳ない気持ちになりました。

父も母もそのことを何にも言ってないし、めでたいめでたい！と喜んでましたが、私はすごく申し訳ない気持ちでいっぱいでした。

うちの出費が多いなぁと思っていた私が、貰ったお年玉を「足しにしてください。」と渡したら、お母さんは「えぇ！」と驚いて、「貯金しておきます。」と言ってくれました。

小さい頃から気にしぃです。


たくさんお世話になったので、今は何かと食べ物を送っています。それだけじゃ恩返しになりませんが、母はご飯を作るのが大変になってきたので、すぐに食べられるピザや干物、パンの詰め合わせ、お肉、蟹。色々心配も掛けたので、送っているのですが、その倍、三浦のお野菜やマグロを送ってくれるので、訳がわからなくなります。

お母さん、お父さん、本当にありがとうございます。

元気でいて欲しいなぁと空を眺めます。

「どうするの？なんで？女」撃退法

最近、女友達から相談を受けた時のお話です。

大した答えも持ち合わせていないですし、答えたからといって自分が出来ているかと言えばそうでは無いのですが、なぜかよく質問されたり、相談されたりします。

質問に関しては、お店の情報だったり、美術館や、テーマパークの本日のパレード情報だったりであれば、すぐに調べて答えます。自分の存在意義みたいなのをそこに見いだしたりして、大学の時なんかは裏で「Ｙａｈｏｏ！」って呼ばれてたり。それもまた良し！でして。

今回は「どうするの？なんで？女」に対するご相談でした。「どうするの？なんで？女」とは、そのままです。
何かにつけて、
A美「えぇぇ〜、えみこちゃん、結婚どうするの〜？」
B子「なんでしないの？」

A美「そうだよぉ、結婚っていいもんだよぉぉ！」
C子「するべきなのだぁぁぁ！」
とか言ってくる女性です。

最後の「するべきなのだぁぁぁ！」って誰だよ、お前‼ってなもんなのですが。

答えは一貫して、「知らんがな！」なんですが。

これがまた少しでも離れられたりする間柄だったり、なんでも言えちゃう間柄で「私にもわかりましぇぇぇぇぇん！」って言えたりすれば良いのですが、なかなかもって色んな関係性があり、難しいですよね。


トータルして言える、あまり自分が苦しまなくてすむ答えは、「肯定」する。

とにかく肯定する。これに尽きるかと思います。


「でもさぁ」「ちぃっと待って！」なんて言おうもんなら、こんこんと結婚の話が始まります。ダメ出しが始まります。

聞いても無いのに、ご自身の馴れ初めなんかまで話が行き着いた時には、もう次に目指す島は「紹介」の話になってきます。

「紹介」。

すごく感謝なのですが、この手の女性の厄介なところは「70代無職」とか「フリーター48歳」など、自分だったら絶対付き合わない男性を紹介してきたりするもんですから、厄介の介です。

なので、「結婚できるもんなら、したいです。」と伝え、本当に思っているのですが「羨ましいよ。いいな結婚。」と言うのが、一番短く会話をジ・エンドにできるやり方です。

今回相談してくださった女性（既婚）は、その「どうするの？なんで？女」に職場で会う度に「子どもどうするの？」「作らないの？」と何度も聞かれるそうなのです。その度に「分からないなぁ」とか濁しているのだから、察してくれたら良さそうなものですが、「絶対作ったほうがいいよ。」とか言ってくるそうです。困ります。

やはりこんな時も、肯定戦法が効果的なので、「欲しいんだよね。いいなぁ。大変だったりしない？」と寄り添うのが良いかと思います。心の底からちゃんと思って、

(少なくともその時は)本心で言っていることも大事です。

この後に「(婚活・妊活)頑張ってるんだ。」などの近況を入れるのは関係性にもよるので要注意かと思います。

あなたの近況が同じ部署のみんなだったり、クラスの女子みんなだったりに伝わっていることもあるからです。その伝達の速さはすごいです。

小学5年生の時、Tちゃんに朝礼の時間に「えみこちゃんって、生理もう来た?」って聞かれて、たまたまその日の朝に初めてなって、「なんじゃこりゃ!!」とジーパン刑事のような声をあげた衝撃もあり、Tちゃんとはそんなに話したこともなく、とにかく足が速いカッコイイ仕切り系女子だったのですが、その子に思わずカミングアウトしましたら、朝礼が終わり、教室に戻る頃にはクラスの女子みんなに広まるという、あまりのPR力にビックリしたことがあります。近況報告はちゃんと関係性をしっかり把握しておかないと大変なことになるなぁと思います。

「どうするの?なんで?女」は、こちらがダイエットしている時にもものすごく分かりやすい特徴があります。

ご飯を少し我慢したり、少し制限していたりするのがその人にバレたり、見られたりしたら、

「えぇぇ、ちゃんと食べなきゃだめだよ。身体に良くないよ。毒だよ。」

とか言ってきて、食べてたら食べてたで、

「えぇぇ、ダイエット中なのに食べて大丈夫？」

とか言ってくるのです。

基本、していることの逆を言ってきます。厄介なのは、ほぼ無意識で言ってくることです。

無意識のほうが、こちらは文句を言いづらいし、悪気がない分どうにもなりません。

「どうするの?なんで?」な女性は、なぜ追い詰めてくるのでしょうか？　追い詰めているつもりもないのでしょうけど……。

私の経験上ですが、思うに「目の前にいる女性より幸せでいたい願望」つまりは、目の前にいる女性より幸せだと証明したい気持ちが大きい女性ほど、目をうるうるさせながら、本当に素朴に聞いてきます。

「なんで結婚しないの？」「どうするの？　結婚」と。
そりゃあ、めちゃくちゃしたいですよ！　「明日、どこ行きたい？」の答えは「嫁に行きたい！」ですよ。

女性同士の関係は難しいです。
「わたしが下です。」と早めに降参したほうが付き合いやすい人がいるのも事実です。「ＬＩＮＥ交換しよ。」とか「飲み行こ！」とかその人から言ってきたのに、目的は私の向こう側にいる誰かだったりして、悲しい気持ちになることもあります。そんなことで悲しむ必要無いのですけどねぇ。

独身女性同士で固まってたらダメ！とかよく言いますが、取り付く島も無くなった時、傷を舐め合いたいなぁって時もあります。

ほわわんと生きて行きたいのになぁ……と常々思っているのに。
イライラしたくないのになぁ……。

気持ちの距離感の取り方をシュッシュ！　シュッシュ！と俊敏にならないと、です。反復横跳びを心の中で跳んでるイメージ。実際の運動神経は無いのですが、心の反復横跳びはめっちゃ速いです。

今回の「どうするの？なんで？女」への対処法は、「心の底から肯定して寄り添う。これに尽きます。」になります。

恋愛迷子のあんな恋、こんな恋。

人は当たり前のように小学生になり、中学生になり、高校、大学、社会人になり、大抵の人は結婚をする。

40歳で出来ていない現状。

「すごく結婚したいです。」口では言っている。本当にしたいのだろうか。したいに決まっている。でも心が追いつかない時がある。

諦めたくないけど、諦めなきゃいけないかもしれない。

私の今までの恋愛を振り返りながら、どうしたら良かったのか、これからどうするべきなのか、考えてみたいと思います。少々お付き合いをお願いいたします。

高校1年の時好きになった先輩には、コーラを買いに行かされた挙句、告ってもないのに「川村、無いわぁぁぁ〜」とフラれ、こっちの気持ちの処理が追いつかないので、「決定打」が欲しくて告白しようと決意したのが、先輩の卒業式の朝。

朝イチで制服のネクタイと競争の激しい三つしか無いブレザーのボタン一つを貰う確約を取りに、勇気を出して3年生の教室のある棟へ。

卒業式、まさに当日の朝です。少しの緊張感とざわついた空気を覚えています。「今までありがとう！」「また絶対会おうね。」の声や、「大学一緒だから、すぐ会えんべ。」などの声、普通にいつもの朝のように登校している3年生。

その情景にドキドキが増したので、出来るだけ卒業生の顔など見ないように、廊下のシミを知っている限りの原生生物に当てはめながら進もうと試みましたが、「ゾウリムシ」「ミドリムシ」「アメーバ」……。

そんなに原生生物を知らなかったのと、廊下のシミもそれほどなく、先輩のクラスを通り過ぎました。

後ずさりしながら戻り、先輩を呼んでもらい、「あ、あ、ああああの、ネクタイとボタン、卒業式終わりでいただきたいです。」

先輩はあっさり「いいよ。またね。」

ネクタイとボタンの確約をいただきました。ＯＫを貰った時のあの心躍る高揚感は今でも忘れられないです。伝わらないかもですが、初めて氷水に入った後の高揚感に似ています。なんだかたくさんおしゃべりしたくなるような気持ちと浮かれちゃダメな気持ちがグルグルと絡み合いまして、自分の教室に戻ったのを覚えております。

卒業式終わりに、門の近くで貰いました。「さあ、えみこ！　今だ！　行け！　今しか無いぞ！　言っとけ！　言わないと終わりだぞ！　もう会えないぞ！」どんなに言わなきゃと思っても声に出せず、「ありがとうございます。またいつかお会いできたら嬉しいです。」とか細い声で言ってさよならしました。

その日、なんで言わなかったのだろうと後悔した私は、夕方犬の散歩のついでに家の近くの公園の脇っちょにある公衆電話から先輩に電話。

「もしもし」と先輩の声。良かったと思い「あの……」と話し始めたのですが、あろうことかその公衆電話が壊れていて、向こうの声はこちらに届くのに、こちらの声はいくら出しても届かない状態。

先輩は「もしも————し」と言っては受話器をトントントン。

私は、「先輩〜〜〜！　先輩〜〜〜〜！　あの、聞こえませんかぁ〜〜‼」

うちの犬プチは私の動揺を綱伝いに感じたのか、「アウぉぉぉぉぉぉん！！！」と遠吠え。


イタズラ電話になってしまいごめんなさいをしなきゃっ！と急いで家に帰り、その時間5分。先輩の家に速攻で電話。

告白とかでは無く謝らなくちゃの気持ちで、

「あ、もしもし川村です。」

先輩かと思いきや出たのは弟。

「Kさんいらっしゃいますか？」

「たった今家出ちゃいました。」

「そうですか。失礼します。」

ち——ん、です。告白して「決定打」を貰えることなく、この恋は終わりました。

そういう星の下なんでしょうね。

そもそもすでにコーラを買って行った時に「告ってないのにフラれている」ので、上手《うま》くいくはずもないのですが。

これが私の、精一杯の、自分から好きになった恋愛の末路です。


30代の恋愛を振り返ってみたいと思います。

男性に会った時、聞かれます。「なんで前の彼氏と別れたの?」

100%聞かれます。男性はこれで何をチェックしているのでしょうか?

というか、その聞いてくれた男性にこちらが多少なりとも興味がある場合、なんて答えるのがベストなのでしょうか?


なぜ別れたのか……一言で言えば、「彼の愛が冷めたから。」になると思います。彼の愛が冷めるに至ったきっかけを振り返ってみたいと思います。

付き合い始めてから、思ったことをずっと言えずに9ヶ月経った、5月の爽やかな風が吹くある夜。

勇気を出して全てを伝えたら、「さ、さ、さ、さ、さ」と音を立てて彼の気持ちが引いていくのが分かりました。
本当は「あ。今、さ、さ、さ、さ、さって引いていったでしょ！」と言えれば良かった。

でも、言えなかった。

彼は、自分がかわいいと思うものを相手にもかわいい！と言って欲しい人でした。私は、それを感じてしまってから、自分が良いと思うことを言えずにいました。

ある日、彼は私に合鍵を用意してくれました。その時、まさか鍵を用意してくれているとは思わず、ガチャガチャのおもちゃが入っているようなビニールの擦れる音が聞こえたので、「ゴミ?」とゴミでも捨てるのかと聞きました。
このことを私は楽しかった思い出として処理していたのですが、彼の中では少し違ったのか、家に帰った時や車のドアを開ける時、テレビの中でのゲームの「カギ」の言葉だったり、果ては「限りないね。（カギりないね）。」と会話で「カギ」という言葉が出てきただけで、【私が合鍵をゴミと間違えたこと】を彼は言ってきました。
「ほら、ゴミで家開けて！」とか、「カギとゴミは違うからね。」とか、彼の中では【せっかく俺が用意した合鍵を彼女がゴミと間違えたこと】として認識していたんだと思います。

チクチクと言ってくる感じが、楽しくて言っているようには全く聞こえずだったのですが、思ったことを言えなかった私は、やり過ごす対応をしていました。
基本全部、ギャルのように答えていました。ギャルの人に「それはギャルじゃない！」と言われそうですが、右手の平を見せるようにおでこに当てながら、「なにそれウケる〜‼」と言って対応していました。「あ、ゴミで開けまーす！笑笑」とか足しながら……。

でも、好きだったらそんなのも楽しめたのかも、とは思います。

彼からは毎日、ＬＩＮＥが送られてきました。彼はマメな人でした。（ステキ過ぎる！）

でも、私は気にしぃなタイプなので、仕事中で自分が返信できないことがストレスでした。

洋服についても言われました。

「そういうの着ないで欲しい。」と。

すごいお気に入りの服だったのですが、嫌だったのでしょうね。

「こういうの着て欲しい！」と言われたのは、あるブランドの白いサラッとしたパンツ。所謂、コンサバ系です。ビックリしましたし、「似合う訳ないわい！」とまず思いましたが、そこは呑み込み。「ここはかわいくだな！」と思ったもんで、私の中の最大限の【軽さを忘れない茶目っ気】で「えー、じゃあ買ってよ〜。」と言ってみましたが、スルーされました。

そんなのも楽しめば良いと思っていたので、会う度に「今日はお洋服、どうでしょうか？」と聞いていたのですが、やっぱり自分の望む服装をして欲しかった彼はきっと楽しくなかったのだろうなぁと思います。

そんなこんなの、言えなかったことを言ったのが、5月のある日でした。

そうです、彼の気持ちが「さ、さ、さ、さ、さ」と音を立てて引いていった日のことです。

なんともない、軽いよくある喧嘩かと思ってましたが、それがダメでした。


初めての喧嘩でもうダメでした。


彼の思いやりもいつからかなくなっていました。

まとめると、合わなかったんだと思います。

向こうには、結婚する気もなかったから……。

遅かれ早かれお別れしていたと思います。


その5月の日から全然会えなくなりました。

そもそも週に1回だったのが、月に1回になり、そのあと3ヶ月は会えませんでした。

知り合いから彼を紹介して欲しいと言われ、スケジュールを確認したところ、その日程はすぐに合いました。

「あ、もうダメだろなぁ。」とその時思いました。電話で言いました。

「もう無理だと思うから会って話しませんか？」と。

ちゃんとしたお別れは、焼肉屋さんで「結婚する気が無い、から別れよう。」と言われました。その時、彼はニヤニヤしながら言ってました。

今思えば、昔の苦労話とか不幸話をニヤニヤ話すところが変態っぽくて好きだったなぁ……。

「普通にご飯は行こう。」と言われましたが、速攻断りました。自分の気持ちに疎いのも良くないですが、「あ、わたし楽しくなかったんだなぁ。」と気付きました。

遅いです。

帰り道、一人で帰りながら、彼の家でしか会えないルール、あれってなんだったんだろなーとか。自分の時間を乱されるのが嫌なんだろなー。お互いさまかぁ、とか。

彼の家まで毎回タクシー代が片道4000円超え。帰り分として帰り際に5000

円札を渡されるのも嫌だったなぁ。そういうことじゃないんだよなぁ、とか。

最後の恋愛かもって思っていたので、付き合ってもらったのだから、どんな気持ちが生まれようと一生守らなきゃと本気で思っていましたが、そうは問屋がおろさなかったので、「なんだったかなぁ。」となりました。

帰宅して、お湯を沸かして、お茶を飲んでる時に目の前が真っ暗になりました。猫舌なのにお茶の熱さも分からなかったです。

ブラックホールに落ちたみたいに落ち込みました。

朝の番組「ZIP!」で桝《ます》さんが「ポン、ポン、ポン、ポン、ZIPデ、ポン!」とやっているのを見ていて、涙がツーーーと出てきたこともありました。「あ、わたし傷ついている。」と実感しました。

お互い好きなところいっぱい探そうとしてたけど、そうこうしているうちに距離が離れてたんだなぁ……。

こんちくしゃ――い!!です。

今は別れて良かったと心から思えるし、色んな経験をさせてもらったので、ありがとうございました、です。

で、今までをふと思い返すと「自分から好きになった人と付き合えたことがない。」です。そこは仕方ないので受け入れます。

「好きになってもらったら、好きになれる!」

「生理的に無理じゃなかったら、大丈夫!」

と思っていましたが、大人の恋愛はそうは行かなかったです。

20代だったら大丈夫だったのかなぁとか考えました。関係ないですかね。

飲み会の時など「次、何飲む?」って聞かれただけで、「わぁ、見ててくれたんだ。」とすぐにキュンとします。

男性に慣れていないのが結局良くないのでしょうか?

ガンガン遊んでみたら良いのかしら? 遊び方が分かりませんが。

普段は【乙女の蓋《ふた》】を固くしめているので、そんなすぐキュンキュンはしないように出来ています。

コントロールせずに解放したらまた恋が出来るでしょうか？

恋愛に関しての答えは自分の中にしかない。自分で見つけ出すしかない、と思っているタイプなので、あまり相談はしませんが、聞いてもいいでしょうか？

私、次どうしたら良いでしょうか？

ご意見お待ちしております。

なんだか更に結婚が遠ざかった気がします。

川村流恋愛格言

【ブスは出歩け！　ブスはしゃべるな！　ブスは待て！】

この三つは、今までの恋愛で導き出した、川村流恋愛格言です。

※「ブスは」の所は自分を指して言っています。自分を戒めるために言っています。

この三つの考えのもと、恋愛活動をしてきたのですが、ここ最近、この格言がガタゴタガタゴタガタゴタと変な音を立てて崩れ始めています。

愛嬌《あいきょう》が取り柄だと思い、恋愛に対して、当たって砕けて起き上がり、ニコニコファイトでコンニチハ！とやって来たつもりだったのですが、40歳の現在は32歳前後の愛嬌最強子ちゃんに敵わない！

正直私の刀の刃はボロボロです。キレが悪いとかじゃなく、物に当たると刃のほうが崩れる具合です。元々土で出来てたんじゃないかってくらい、40歳の愛嬌はカスだと分かりました。

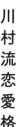

それから自分の恋愛格言を一つずつ見直そうと思い2週間が経ちました。動き出すまでに2週間もかかるような、こんな動きが遅い自分なんて大嫌い！

そうこうしているうちに、「恋愛頑張れん！」WEEKに突入してしまいました。

私は「恋は無責任でいい！　恋はNOW！」と常々思っていて、いい人がいたら走り出したい！のですが……。

仕事がどうとかそんなの関係なく「あ、ちょっと踏み出せないかも！　傷つきたくないな。」という自分が勝ってしまって、誰かと話したり、心を交わしたりすることでエネルギーをかなり使うことももう分かっているお年頃なので、訳のわかんないタイミングで「恋愛もう頑張れません！」「頑張り方が分かりません！」がやって来ます。レディースDAYとかそういうのももう関係なしに！

そんなこと言ってたら、本当に外に出られない緊急事態な状況になってしまい……出来る時に出来ることをしておかないと！と思います。

こんな時だからこそ、会えない時間が愛育てるのさ〜になったら良かったのになぁとポカンと考えます。

穏やかであることが良し！で、求められるのは、落ち着いた女性！　それは分かっているんです。

でも、心は……ずっと乙女でいたかったり、キャッキャしたいじゃない！　ダメなの？　まあ、ダメだったからこの現状です。こんな自分にヘドが出るぜ!!です。

はああああー。

一旦落ち着きます。川村流恋愛格言、ココから見直します。ココからがスタートです。

まずは、【ブスは出歩け！】

私の中では、「誘われたら行く！」という掟《おきて》があるのですが、落ち着いてふと、ここ3年ほどの自分を思い起こしてみたら、「さ、さ、さ、誘われてなー――い!!」全くと言っていいほど……。

でも、ポジティブに考えれば、この川村格言のアップデートチャンス！
今年、男性と触れ合った、いや目が合っただけでもいい！　そんなこんなのあれやこれやを、思い出せっ、私！

……………………。

ないっ！

私の記憶を掘り起こしても掘り起こしても、ないっ!!

そもそもじゃないか！　じゃあ、どうすりゃいいんだ？
分からないから試したほうが良いですか？　実験しないことにはねぇ、ということで、よっこらしょ！のどっこいしょ！
異性にメールをしてみました。

男性に直接「私ありですか？」と聞くとかではなく、遠回しにメール。

「以前、お話を伺った石の話が気になってまして……もごもご（割愛）」と送ってみました。すでに5日経ちますが、うんともすんともです。

返信がなくても全く大丈夫です。

これは、恋愛じゃないのです。実験ですから。一つでも実験結果は多いほうが良いのですから。

傷ついている時間など私にはないのです。

今のところ、【ブスは出歩け！】に追加です。

【ブスは誘いながら、出歩け！】

次は【ブスはしゃべるな！】

好きな人が出来た時、秘密裏に進める、ということです。周りのかわい子ちゃんに相談したところで、そのアドバイスは絶対と言っていいほど上手くはいかない！

自分でアタッテクダケテ、自分の恋愛パターンを習得するしかない！　他人に相談した時点で上手くいかない！という意味の【ブスはしゃべるな！】です。


この「秘密裏に進める」を見直してみます。

高校時代の恋愛においては、「ブスは秘密裏に進める」で間違いは無かったと思います。あくまで川村の場合ですが、少しでも気があるのがバレようもんなら、ザザザ、ザザザとコンクリートにお尻を擦るような、地味なのに確実に傷がつくカタチでクラスに広まります。


まずココで経験するのが、「告ってないのにフラれる」っていうやつです。

高校1年生の頃、好きになったのが同じ部活の2コ上のM先輩。コーラを買ってくるように頼まれて、買って渡すと、「無いわぁ〜〜、川村無いわぁぁぁぁぁ〜〜」の一言。

え？　コーラを頼まれて買ってきただけで？　無いってなに？

当時、言われた直後は初めての経験だったので、「ポカン」となりました。

あ、恋愛として無いってことね！と飲み込むのに時間が掛かりました。

数秒して、心の中で叫びました。

「告ってないのに、フるんじゃねーよ！　つーか、まずはコーラありがとう！でしょうがぁっぁぁっ!!」


そして、高校2年生でいざ！経験します。

「川村さんって、いいなって思う人いるの？」

「好きとかじゃないけど、かっこいいなぁ、○○君。」

女子に言ったら広まります。「好きとかじゃないけど」の部分は削除！されて。


ただ一生懸命に恋をするスタンスは昔からありまして、周りから見ても分かるくらい頑張っていたかと思います。

春の遠足行事があったのですが、なぜか突然、遠足の自由時間に二人でちょっとどっか行こうって誘いなよぉ！のアドバイスを女友達から貰いました。

緊張やら、身の丈に合ってないなぁの思いやらでゲロ吐きそうでしたが、波風立てるのがとにかく嫌だったので、誘ってみました。

こんなにも男性と食べるモスバーガーが緊張するとは思いませんでした。そこは一つ収穫っちゃぁ収穫でした。

その後1ヶ月もしないうちに、その男子が、同じクラスのテニス部だかバレー部だかで明るく、好きな食べ物は？と聞かれて「餃子《ギョウザ》！」と答えるだけで周りで笑いが起こるような雰囲気かわいい系の女の子と付き合い始めた時の落ち込みようったら、無いです。私の応援っぽいことをしてた人も、うっすらとした目で見てきた時のあの気持ちったら無いです。

しかも、よくわからないところで女子とゴタゴタしました。ハブっぽいことをされました。

悪いことしたつもりは一切なかったので放っておきました。

言ってないことを言ってるってなったりしてたなぁ。

そうです。「秘密裏」に進めなければならなかったのです。

幼稚園の頃静かだった私に対して、クラスの先生が「あの子、静かで嫌だわぁ。」と言い、隣のクラスの先生が「楽でいいじゃない。」と言っているのを聞いてから、毎日大きい家具に追いかけられる夢を見ていたという話は書きましたが、その時「いつもあんなに笑顔で話してくれる先生がまさかそんなことを言うなんて。」と傷つきました。今にして思えば、それが割り切ったお付き合いが出来るようになったルーツです。みんな、そんなもん！って。

ただやはり感情はあるので、ゴタゴタしたくないです。恋愛において男性との楽しいゴタゴタはしたいですが、女子とゴタゴタするのだけは勘弁太郎です。

そこから生まれたのが【ブスはしゃべるな！】です。

「秘密裏」がベストです。【ブスはしゃべるな！】は上記のように学校という限られた中でのことだけだと思っていたのですが、芸人になってからもありました。ちょっとした話からのかわい子ちゃんのアドバイス。ＬＩＮＥの返信の仕方を教えてもらったのですが、見事に一つも当てはまりませんでした。

この【ブスはしゃべるな！】の中には、「恋愛というのは自分の中で上手くいくパターンというのが必ずあるので、他人のアドバイスなんぞは、思いっきりかわい子ちゃんじゃない限り当てはまらない」という意味が入っています。

しゃべってしまうと上手くいくポイントが減ってしまう気がします。

【ブスはしゃべるな！】はアップデート無く、そのまま行きます！

ラストが【ブスは待て！】です。

これは、ブスはすぐ慌てる。けど、慌てず待て、の【ブスは待て！】です。

自分に言い聞かせているのですが、ＬＩＮＥが来ないだの、会えなかっただの、会った時どーだっただの、すぐ慌ててしまいます。

特に相手のことを好きだとなかなか難しいのですが、返信来ないからなんなの？と思いたいです。「お互いの距離はお互いが決めます。」と自分の気持ちを眺めるように客観的に捉えると、少しですが心が落ち着きます。

上手くいく時はいくし、いかない時はいかない、と割り切り、言い聞かせます。

自分を思ってくれない人にガンガン行く幸せもあると思いますが、上手くいく時はこちらが誘ったら来てくれるし、あちらからも誘ってくれるしで、タイミングが合うもの。

わたくし、大人が3回二人で食事に行けたら付き合えると思っています。

大人って忙しいので、3回も二人で会うのはもうお付き合いなんじゃないかしら、と思っています。いつも2回止まり!なのは落ち込みますが……。
とにかく慌てず待ったほうが良いです。

ここからアップデートです。
「アップデート」の「デート」で、「あぁ、デートしたいなぁ。」なんて思っちゃいますから重症かもしれません。そんなことはどうでも良いのです。失礼しました。

今まで慌てず、一人の人を5年思い続けるなんてこともありましたが、もうこちとら時間がありません! 今の! この刻一刻と過ぎる今でさえどんどんと崖っぷちのぷちのぷちまで追いやられています。
40代女性の結婚出来る確率は2%あるとかないとか……100人中2人の割合。これはもう崖っぷちではなく、崖の下かもしれないです。崖の上にはポニョがいますが、下には誰がいてくれますか?

現在、そもそも恋をしていないので、慌てる相手がおりません。

恋してその人からの連絡を待って、そのあと2週間後に予定を合わせて、オンライン飲み会で……なんて時間はないです。焦ったって良いことなんかないでしょうが、焦らなきゃいけないのも事実。

涼しい顔して焦る！がきっと正解です。

さぁ！　今こそ携帯の電話帳を見ながら、レッツ！メンズの棚卸しです。ヨイショ！ヨイショ！　頭の倉庫の奥の奥に、すっかり忘れていた気の合うどなたかがいるかもしれないです。

「あ、この人元気かな？」くらいで連絡です。この自粛生活の中、「元気ですか？」は送りやすい馴染みやすい言葉です。

恋はするんじゃなく、落ちるもの。好きじゃないのに連絡するなんて！とか言ってる場合じゃない！です。自分に言い聞かせています。

バンジージャンプのように、自ら落ちに行く、その先に今まで気付かなかった喜びがあるかもしれないのです。

そもそも、今まで自分から好きになった人にはことごとく玉砕なので、私なんかのことを思ってくれたら地の果てまでだって一緒に落ちて行くつもりで付き合っておりました。

好きじゃなくたって、愛せると思っておりました。

どんな時でも、自分の気持ちなんてなんだっていい！　守ろう！と、思っておりまして。

でもそれは無理だと分かりました。そんな簡単なことも分からなかったです。

過去の恋愛でタイプの一つに「自分の気持ちをちゃんと言える人」というのが加わりました。

ステキな人はたくさんいます。そのステキな人に、ちょっくら連絡して、ブスは待て状態の人を増やす！が40歳には必要な気がします。

種がたくさんあったら、（その種が花開かなくても）傷つく量も減りそうです。

とは言いつつ、恋はＮＯＷ！　その時の気持ちを大事にしたいので、突っ走る気持ちも忘れず行きたいです。

良き恋の種があった時、初めから肥料に水に……と手をかけすぎてしまい、恋の芽すら出ないこともあります。

毎日、毎日、芽出たかな？　出ないかな？と見に行っても、モヤモヤとした風通しの良くない気持ちが溜まるだけです。

そもそも、水をあげなきゃと思うんじゃなくて、水は自然の雨に任せて、その恋の種が花咲くように、良き土になったほうが良いのかなあと思いました。

どーんと構えた良き土です。土は慌てません。

【ブスは待て！】は、アップデートすると、【恋の種はそっと何粒か植えて、土を優しくかぶせて、待ってみる。】です。

恋の種を植えた後は、【土になって待つ。】です。

三つをまとめると、秘密裏に誘いながら、会って、連絡が来なくても慌てず、傷つかないために一人にあまり突っ込まず、実際は汗かきながらも涼しい顔して、土のようにどーんと構えてみる。

でも、こんなの全部ぜーんぶトッパラッて、ギュンッて心で惹かれ合って誰かと一緒になりたいと思っています。

パッ

うらやましい…

モンチッチと同じ髪型。

みんな、外側を向いているね。

ニャンてこった

前髪を自分で切っちゃいました
in 箱根。

おばあちゃんとわたし。

お母さんと弟・まーくんと。

かじってくれよ!!
たのむよ。

一体、どこを
目指してるんだ!?

銀座のマジックバーでバイトしたお金で、
初海外 in アメリカ。

大きな声が出せるようになるために
入った剣道部。

高校の修学旅行
ハウステンボスにて。
ポツンと撮りました。

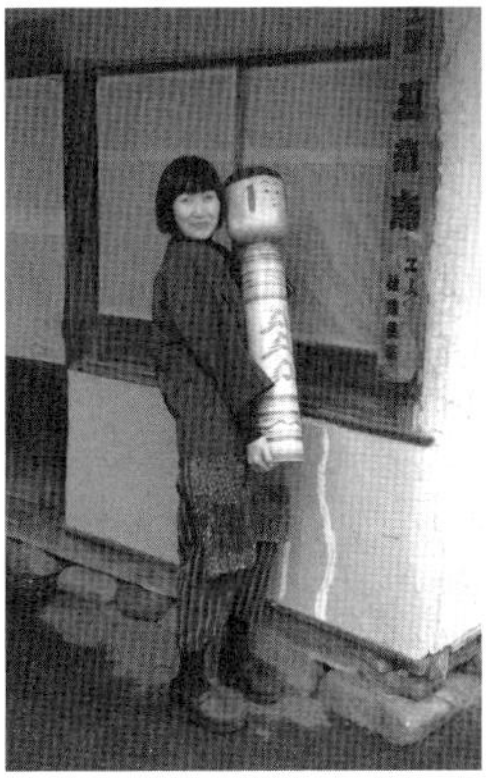

デッカイこけしちゃん。

雨がしとしと降る中、大学卒業です。

おわりに

この本を手に取っていただき本当にありがとうございます。最後までページをめくってくださりありがとうございます。

エッセイを書くことになったきっかけは、２０１９年の夏に作家の石田衣良《いしだいら》さんとお仕事でご一緒したことでした。

ある番組の収録だったのですが、その中で石田さんが3回も「その話、本にしたらいいよ！」「本にできるよ！」と言ってくださったのです。

その言葉を真に受けた私は、「本当に本にできるのだろうか……でも、本、出してみたい！」との思いから、お手紙を書いて出版社の方にエイヤッとお渡ししました。

背中を押してくださった石田衣良さんに、心からありがとうございます、です。

私にとって「書く」とは、心の奥底に埋まっていた気持ちのカケラをとにかく掘って掘って掘り起こすような作業でした。

カンカンカン！と叩いてみて、あ、心のカケラ、気持ちの破片がありそうだな、と思ったら、掘り進めます。（温泉を掘るのはこんな感じなのでしょうか。）源泉を見つけたら、もうこっちのモノ！です。気持ちがドバババと流れ出てきて、その瞬間、気持ちごとタイムスリップして、その時の私が勝手に動いてくれて、それを文字に起こしていきます。

キーボードを買ったのに、タイピングだと気持ちに追いつかなくて、いつまでも携帯のメモで書いていたことが唯一悔やまれます。

そして、書くとは一人の作業かと思っていたら、書いたものを担当編集者さんが細かくチェックしてくださったことに感動しました。

連載1回目の原稿を渡した後、赤ペンでいっぱいになった原稿が戻って来た時に、「一人じゃないんだ！」ととても心の支えになりました。ありがとうございます。

これまで、幼少期から大人になるまでの日々は、地味で冴えない出来事ばかりですし、取り留めもないことだと思っていました。

記憶力はなぜかものすごく良いので、「あ、またこんなことがあった！」「一体、なんなのよ！」「この人とはきっと上手くいく！」「いや、上手くいかない！」など色んな気持ちがいつもグルグルグルグルグルしていたのですが、書くことで浄化され、お空の上で整理整頓できて、気持ちの分類ができた気がします。心のクラウドがとても整いました。

書き終えてみると、幼少期からの経験全てが今の私を作ってくれていて、繋がっていて、私の大事な部分であることが分かりました。

そして、最後小さな私がいつも見守ってくれている気持ちになりました。

「大丈夫？　大丈夫だよ。大丈夫。」って。

なぜでしょう。涙が出てきます。

これからどうなるかは分かりませんが、まだ日々は続きます。これからも手の届く範囲の人を大事にして、当たり前ですが、一生懸命に、自分の心と向き合って些細な気持ちを自分なりに汲み取りながら、心の火の玉を握りつぶし、俯いて落ち込んだり、「ん？　おかしいな」と思うことがあったら顔が得意の「ム」になったり、後ろを振り返ったり、怒ったり笑ったり、ゆっくりですが、最後にはちゃんと前を向いて生きていきたいなぁと思います。

この文章が本になるにあたって関わってくださった全ての方々に感謝いたします。

私の日々に寄り添ってくださった方々、本当にありがとうございます。
ぽわわんとあたたかい気持ちでいっぱいです。

2020年9月　川村エミコ

川村エミコ
（かわむら・えみこ）

1979年神奈川県生まれ。お笑いコンビ「たんぽぽ」のボケ担当。
主な出演作品に日本テレビ『世界の果てまでイッテQ!』、
フジテレビ『めちゃ×2イケてるッ!』、東海テレビ『スイッチ!』など。

• オフィシャルブログ
「川村エミコのカエルが寄ってきます…。」

• Twitter
@kawamura_emiko

• YouTube
おかっぱちゃんねる川村エミコ公式動画館

• Instagram
kawamura_emiko

わたしもかわいく生《う》まれたかったな

2020年10月10日　第1刷発行

著者　川村《かわむら》エミコ

発行者　樋口尚也
発行所　株式会社 集英社
〒101-8050 東京都千代田区一ツ橋2-5-10
電話　編集部　03-3230-6143
読者係　03-3230-6080
販売部　03-3230-6393（書店専用）

印刷所　大日本印刷株式会社
製本所　加藤製本株式会社

ISBN978-4-08-788045-8　C0095

このページには あなたの小さい頃の
思い出を書いてみて下さい。

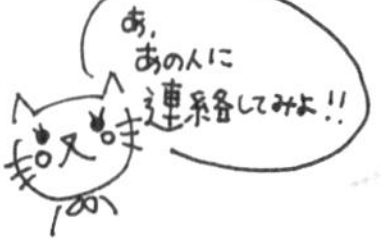